Viele Köche verderben das Märchen

oder

Die Welt ist ein

Gasthaus zur Roten Krabbe

Viele Köche verderben das Märchen

oder

Die Welt ist ein Gasthaus zur Roten Krabbe

Märchen-Theaterstück von Christoph Kaiser

24.04.2022

Impressum

Copyright: Christoph Kaiser

Jahr: 2022

ISBN: 978 940 365 3334

Illustrationen: Christoph Kaiser

Covergestaltung: Christoph Kaiser

Verlagsportal: bookmundo.de

Gedruckt in Deutschland

Die Deutsche Nationalbibliothek verzeichnet diese Publikation in der Deutschen Nationalbibliografie.

Cover und Illustration aus:

Münchener Bilderbogen Nr. 1109, Eduard Ille: Staberls Reiseabenteuer; nach 1864.

Illustrationen aus:

ABC und Bilderbuch von J. A. C. Löhr, vierte Auflage. Leipzig um 1840, Bilder von 1795

H. C. Andersen's Eventyr. Med 125 llustrationer efter Originaltegninger af V. Pedersen, Kjøbenhavn 1850

Die Länder und Völker des Erdballs von J.A.C. Löhr, Erster Band, Leipzig 1815

Inhalt

Personen

Irina

Irinas Mutter Jasmin

Irinas Vater Uwe

Die Haasin

1. König

1. Königin

Schneewittchen

1. Prinz

Jäger

Hexe

Spiegel oder Chor

Füchsin

Kater

Gand-ET

Bodo

Bram

Peter

Heinrich

Vater von Hänsel und Gretel

Schneider

Stimme seiner Frau

Frau Holle

Prinzessin auf der Erbse

2. Königin

2. Prinz

2. König

Koch

Magd

Papiertänzerin

Stimmen der Brüder Grimm

Szene 1 oder: Warum das ganze Theater?

Szene 1a: Irina

Irina *rennt ins Zimmer, knallt ihre Jacke auf den Boden und wirft sich auf ein Sitzmöbel. Sie bleibt immer in der linken Bühnenhälfte. Weder sie noch Jasmin haben jemals Blick- oder anderen Kontakt mit der Haasin oder einer der Märchenfiguren!*

Was bildet die sich eigentlich ein, diese dumme alte Hexe? Wenn ich nur könnte, dann würde ich schon sehen, was ich mit der mache!

Jasmin: Na? Heute definitiv nicht dein Tag, oder wie, Töchterlein? Was ist denn wieder los? Wieder mal Frau Weishaupt? Will die Chefin sich mal wieder von der Azubine in der zweiten Woche nicht die ganze Firma umgestalten lassen?

Irina: Ach diese bekloppte alte Hexe! Die hat doch gar keine Ahnung davon, was die anrichtet! Total hinter dem Mond lebt die! Ahnungslos wie eine Tote ist die! Eine dumme alte Hexe ohne jeden Verstand!

Jasmin: Aber du bist so viel klüger?

Irina: Klar, ich bin halt informiert. Die alte Kuh ist doch gar nicht up to date! In nichts! Bekloppt, aber stolz drauf! So ist das!

Jasmin: Naja, aber vielleicht weiß Frau Weishaupt doch nach ein paar Jahren in ihrem eigenen Betrieb noch ein bisschen mehr über die Produktion von Verbandsmull als du Azubine im ersten Lehrjahr.

Irina: Weißt du was? Die verpacken immer noch jede Mullrolle einzeln in Plastik! In Plastik! Ich habe ihr heute gesagt, dass sie schuld ist an den verdreckten Meeren.

Jasmin: Und was hat sie dir da gesagt?

Irina: Die hat nur rumgeschwallt und sich rausgeredet. Dass das was mit Hygiene zu tun hat und nicht anders geht. Da habe ich ihr gesagt, dass man den Mull auch Gamma-bestrahlen könnte und dann wäre der Mull auch total hygienisch eingepackt! Jede Rolle bestrahlt und dann so gelagert. Quasi der nackte Mull, sonst nichts. Und trotzdem hygienisch einwandfrei. Und keine verdreckten Meere mehr.

Jasmin: Ach Tochter, das geht doch wirklich nicht. Man bestrahlt keine armen kleine Nacktmulle, das gehört sich nicht. Das wäre Tierquälerei!

Irina: Was soll denn das Gequatsche? O Mann ey, klar, dass ihr alten Leute da zusammenhaltet. So was von logisch. Die Hexe Weishaupt und du, dass passt wie Arsch auf Eimer. Dieselbe veraltete Weltsicht.

Jasmin: Warum?

Irina: Beides alte böse Frauen. Und viel zu viel Macht über arme junge Menschen, die euch hilflos ausgeliefert sind. Wie im Märchen, so die Kinder da und so. Wie die Hexe und die böse Stiefmutter oder so.

Jasmin: Und du bist mit 17 noch ein armes kleines Kind? Das ist ja ganz was Neues.

Irina: Ä, Jasmin? Was ist eigentlich genau eine Stiefmutter? Kann ich sowas auch sein oder haben?

Jasmin: Na, ich will mal nicht hoffen, dass du noch eine Stiefmutter bekommst. Immerhin hast du ja schon mich. Also, Sabine ist deine Mutter und ich bin seit der Hochzeit mit Uwe deine Stiefmutter. Deine ach so alte böse Stiefmutter.

Irina *grinst breit:* Kapiert. Dann haben die Märchen ja recht. Böse alte Stiefmutter. Passt.

Jasmin: Soso, ich bin also mehrfach böse. Mehr böse, weil ich so uralt oder weil ich deine Stiefmutter bin?

Irina: Keine Ahnung. *Grinst breit.* Jedenfalls böse, weil du mir nicht gegen die Weishaupt zustimmst. Dabei bin ich doch deine arme hilflose kleine Tochter. Ich hab doch nur dich und Papa in der großen bösen weiten Welt.

Jasmin: Nana, lass das mal nicht Sabine hören, die zeigt mir sonst handgreiflich, wer deine „echte“ Mutter ist.

Irina: Na, die ja wohl nicht. Mit ihrem neuen Lover. Den Arsch...

Jasmin: Nana, das reicht jetzt. Ihr neuer, wie heißt der doch gleich?

Irina: Sven.

Jasmin: Genau, Sven! *Ironisch:* Der reicht zwar in nichts an Uwe ran, der ja der beste Papa der Welt ist...

Irina *muss laut lachen:* Naja, steigerungsfähig ist Papa schon noch. So in Punkto Geld und so. Ach quatsch, war nicht so gemeint. Nicht alle Stiefmütter sind ja böse.

Jasmin: Naja, die im Märchen schon, so wie Hexen; und Frau Weishaupt ist ja eine Hexe, wie du sagst.

Irina *überlegt:* Warum sind Hexen im Märchen eigentlich immer böse?

Jasmin: Weil sie im Märchen halt immer böse sind, und da gibt es sie nun mal, nicht so sehr hier im realen Leben.

Irina: Außer der Weishaupt. Die ist leider sehr real. Die dumme Kuh.

Jasmin: Nana. Frau Weishaupt ist deine Chefin. Benimm dich auch so. Lehrjahre sind eben keine Herrenjahre.

Irina *spricht den letzten Teil mit*: ...sind keine Herrenjahre, ja ich weiß. Was für ein dummer Spruch! Den kannst du dir auch sparen. Oder der blöden Weishaupt irgendwohin schieben. Ihr seid doch so dicke miteinander!

Jasmin: Ich habe nur Verständnis dafür, dass deine Chefin glaubt, dass sie dir sagen darf, was du zu tun hast. Irgendwie hat das System was.

Irina: Aber nur für euch alten Leute, die einfach nicht einsehen wollen, dass neue Zeiten neue Ideen brauchen. Ich hab jetzt geile Ideen, nicht erst in ein paar Jahren. Dann ist alles zu spät und ihr seid schuld dran! Die Weishaupt kann so viel von mir lernen! Und keiner will das wahrhaben!

Jasmin *steht auf:* Na, ich glaube, ich lasse dich mal allein mit der dicken Luft, die du so verbreitest. Ich schaue nachher wieder rein, wenn du runtergekommen bist.

Irina: Jaja, geh schon! Lass mich ja alleine! Ich will keinen von euch alten Leuten mehr sehen! Ihr werdet schon sehen, was ihr davon habt! O Mann, wie tot ist man eigentlich mit über dreißig?

Jasmin: Sehr untot, meine Tochter! *Ab.*

Irina: O Mann, wäre ich doch Schneewittchen oder sonst wer aus so einem Märchen, dann könnte ich mich jetzt im Wald verstecken oder so und alles wäre in Ordnung. *Starrt in die Luft.*

Szene 1b: Welten mischen sich

Füchsin *schleicht auf die Bühne:* Alles klar. Kater, komm! Die Luft ist rein! *Nichts passiert. Die Füchsin wird ärgerlich:* Kater! Kater? Wo bleibt denn der vermaledeite Kerl? Zu dumm zum Hinterherlaufen! Gibts denn sowas? Kater? Kater???? KATER????

Kater *sieht vorsichtig um die Ecke:* Ist wirklich alles in Ordnung? Keine Polizei? Niemand, der uns erkennen könnte? Kein Pinocchio? Keiner? *Tritt vorsichtig auf, trägt unter dem Arm ein großes Schild mit einem roten Krebs und dem Schriftzug „Del Gambero Rosso" (Zur Roten Krabbe) darauf, das er am Wirtshaus der letzten Nacht gestohlen hat.*

Füchsin *richtig sauer:* Nein, keine Polizei. Und wieso bist du froh, dass Pinocchio <u>nicht</u> hier ist? Den suchen wir doch gerade! Da hinten ist doch der Acker! Komm, wir müssen uns verstecken, bevor er kommt, damit wir sehen, wo der Holzkopf seine Münzen vergraben wird.

Kater: Ich weiß immer noch nicht, ob wir das machen sollten. Er ist doch unser Freund.

Füchsin: Ach papperlapups. Freund. Ein sehr dummer Freund. Ein noch sehr unerfahrener Freund. Wir werden Pinocchio nur ... *sieht sich um:* Vorsichtig! Versteck dich! Da hinten kommt er! Los, weg!

Kater: Aber....

Füchsin: Kein Aber! *Zieht den Kater mit sich von der Bühne.* Jetzt halt die Klappe! Ich erkläre es dir später!

Beide ab.

Frau Holle *tritt mit einem Kissen unter am Arm auf, überquert die Bühne.*

Na endlich, die Neue ist da. Wieder eine Marie, die Schwester der letzten. Na, das wird schon gut gehen. Wie die Schwester, so wohl auch die Schwester. Was soll da schon schiefgehen? Obwohl, ich habe da schwarze Wolken über dem Backofen gesehen, so als ob das Brot darin in Flammen aufgegangen wäre; die Äpfel plärren bis hierhin, weil sie nicht gepflückt wurden, und irgendwie sieht das Kind doch so aus, als würde es lieber ins Bett gehen, als dass es die Bettdecke ausschüttelt und mich alte Frau entlastet. Na, dann will ich sie mal reinlassen. Mal sehen, ob sie Brot und Äpfel nicht gesehen hat, oder ob sie wirklich so faul ist, wie ich langsam befürchte. Das kann ja heiter werden.

Hexe *tritt auf sie zu:* Ja, so ist das mit den jungen Leuten, kein Verlass mehr drauf. Früher, als wir noch jung waren, da wurde noch Wert auf Zucht und Ordnung gelegt.

Frau Holle: Ich denke, da ist doch ein gewisser Unterschied zwischen mir, einer früheren Göttin, und einer gewöhnlichen Hexe. Dass wir beide gleich erzogen worden wären, wäre mir aber sehr neu.

Hexe: So habe ich das auch nicht gemeint. Aber irgendwie sind wir beide uns doch sehr ähnlich.

Frau Holle: Ach, tatsächlich? Welche Hinsicht soll das denn sein? Jetzt haben Sie meine volle Aufmerksamkeit, meine Liebe. Lassen Sie hören! Ich bin sehr gespannt. Ich lerne ja so gerne.

Hexe: Nun ja, wir sind beide Frauen mit einem traditionell nicht sehr guten Ruf und trotzdem sind wir Lehrerinnen der Menschen. Wir beide gelten eher als Bedrohung für Kinder. Ich, weil ich mich davon ernähre und Sie, weil sie freche Kinder bestrafen. Nun ja, und als ehemalige Totengöttin hat man ja auch nicht den besten Ruf. Aber was können wir denn dazu? Es gibt einfach kein Verständnis für solche Gestalten wie uns. Obwohl wir doch so notwendig sind.

Frau Holle: Notwendig? Auf welche Weise? Ich weiß, wozu ich da bin. Ich erziehe zum Guten, ich bestrafe und zeige auf, dass jedes Handeln auch eine Konsequenz hat und dass es Regeln gibt, die man einhalten muss, wenn man nicht mit dem Schlechten Bekanntschaft machen will. Aber Sie? Eine böse Hexe?

Hexe: Na, meine Gute, da haben Sie aber einiges nicht richtig verstanden. Warum erzählt man sich denn seit so langen Zeiten Märchen? Sie sagen, wer nicht mit dem Schlechten Bekanntschaft machen will, der soll sich an Regeln halten. Ist das denn so? Hilft es denn immer gegen Unglück, sich an Regeln zu halten, und dann passiert einem nichts im Leben? Ich zeige den Menschen, dass das Böse und das Schlechte zwar immer und überall sein können, und dass man sich dagegen zumindest zu wehren versuchen kann. So wie ein kleines Mädchen schonmal eine Hexe in den Ofen schiebt, auch wenn das natürlich auch böse ist, der Hexe gegenüber. Wir sind Sinnbilder und ganz alte Verkörperungen von Ideen. Aber das versteht heute niemand mehr. Schade eigentlich.

Ab.

Frau Holle: So ganz Unrecht hat sie damit nicht, fürchte ich; aber ich bleibe doch dabei, dass es Sinn macht, mit Regeln einen Weg aufzuzeigen, der zum Besten für alle führen kann, wenn er von allen eingehalten wird. Es ist zumindest wahrscheinlich nicht der schlechteste aller Wege zu einem Leben in einer gewissen Sicherheit für alle. Denke ich.

Heftiges Türglockengeläute.

Frau Holle: Ach du meine Güte, die neue Marie nimmt mir ja die Türglocke auseinander! Na warte, um dich kümmere ich mich jetzt.

Ab.

Peter und Heinrich *rennen in zerschlissenen Klamotten auf die Bühne, beide tragen einen Sack, haben ein Halstuch vor dem Gesicht und jeder in der Hand eine Pistole.*

Peter: Puh, ich kann nicht mehr. *Bleibt stehen, verschnauft sich.* Bleib da, die haben wir abgehängt. Wo ist denn der Rest?

Heinrich: Alle weg, keine Ahnung, in welche Richtung die gerannt sind. Aber ich höre jetzt keinen mehr kommen. *Horcht vorsichtig in die Richtung, aus der sie gekommen sind.*

Nein, nichts. Alles ruhig. Die haben wir wirklich abgehängt.

Peter: Hast du gesehen, wie der eine über die dämliche Katze gestolpert ist, die da plötzlich im Weg lag?

Heinrich: Aber klar hab ich das! Der ist ja gegen den Esel geknallt, hinter dem der Hahn stand, und der Hund hat ihn fast ins Bein gebissen. Definitiv nicht sein Tag heute!

Peter: Und dann entwischen wir ihm auch noch! Ne, der hat genug für heute, glaub mir.

Heinrich: Dann wollen wir mal sehen, dass wir ins Versteck kommen und das Zeug hier loswerden. Komm!

Peter: Ist ja gut. Ich bin schon unterwegs.

Beide schnell ab.

Die Papiertänzerin *schwebt in einem Tanz über die Bühne, summt vor sich hin. Verschwindet wieder.*

Schneider *kommt mit einem Marmeladebrot in der Hand, wild um sich fuchtelnd:* Bleibt weg von mir, ihr blöden Fliegen! Weg, weg! Das ist mein Brot! Weg mit euch! Ich sage euch, wenn ihr nicht verschwindet, schlage ich zu! *Löst seinen Stoffgürtel und fuchtelt damit gefährlich herum:* Ich meine es ernst! Drecksfliegen! *Weiterfuchtelnd schnell ab.*

Bodo *sucht offensichtlich ängstlich jemanden:* Bram? Gand-ET? Wo seid ihr? Hallo! Ist da jemand? Hallo? Ich will den Ring doch endlich loswerden? Hallo? Wo seid ihr?

Ab.

Szene 1c: Die Haasin

Haasin *tritt ein auf der rechten Bühnenseite. Sie hat niemals Blick- oder sonstigen Kontakt mit Irina und Jasmin oder sonst jemandem auf der Bühne!*

Was wollen die beiden Kerle nur immer von mir? Unheimlich, sowohl der Wilhelm als auch der Jakob. Der Nachname passt, so grimmig wie die immer gucken, wenn man ihnen nichts erzählen kann. Aber die Herren nerven ja jede etwas ältere Frau in Kassel und auf den Dörfern, nur um Märchen erzählt zu bekommen. Unfassbar, so alte Jungs und wollen Märchen hören. Dafür sind die beiden Herren Grimm doch schon beide zu alt für meinen Geschmack; aber das muss ja jeder selbst wissen, womit man das eigene kurze Leben vertun will. Aber dann mich damit behelligen! Ausgerechnet von mir wollen die Märchen hören, dabei kann ich mich da beim besten Willen nicht dran erinnern. Naja, mal sehen, ob ich noch was zusammenbekomme.

Setzt sich an einen Tisch oder stellt sich an ein Schreibpult.

Na, mal sehen, was hängen geblieben ist. *Fängt an nachzudenken und zu schreiben.*

Also, da wäre zum Beispiel dieses Kind, die Königstochter, das in Gefahr ist, weil die Hexe es vergiften will, die mit dem Zauberspiegel. Genau, Schneewittchen heißt das Kind.

Szene 1d: Der erste Schreck

König, Königin und Schneewittchen *treten auf, hören den beiden Bühnenrändern zu, erfassen die Situation*:

König: Na also sowas! Da werden unsere Geschichten von Hollywood und so modernen Erzählern schon genügend genommen und durcheinandergeworfen, und jetzt auch noch die zwei? Was die beiden sich da in ihren wirren Köpfen ausdenken, das müssen wir dann erleben?

Königin: Das klang genau so. Das kann ja heiter werden.

Schneewittchen: Wer weiß? Vielleicht wird es ja doch ganz lustig?

König: Lustig? Entsetzlich wird das werden! Ich protestiere gegen diese Verhunzung! Kann uns da niemand helfen? Gibt es da z.B. nicht eine Abteilung bei... bei... bei... bei... bei...

Schneewittchen: Schallplatte kaputt?

Königin: Kind, benimm dich! Du redest mit deinem König und Vater.

Schneewittchen: Ist ja schon gut.

König: Bei der... UNO, jawohl! Die müssen uns doch helfen können! Immerhin ist das Folter, was wir da durchmachen müssen!

Schneewittchen: Ja klar, die UNO!

Königin: Die kümmert sich leider nicht um das Märchenreich.

Irina: O Mann, was wäre das so geil, wenn ich mir die Welt so wünschen könnte, wie ich sie haben will.

Haasin: Ich fürchte, ich mache da Märchen, wie es sie noch nicht gegeben hat. Aber wenn die Herren Grimm das unbedingt so haben wollen, bitte schön!

König: Es geht los. Ach du liebe Güte.

Licht auf der Hauptbühne aus, nur Haasin und Irina bleiben angestrahlt. Die Märchengestalten versammeln sich in der Mitte der Bühne und hören verängstigt zu, welchen Unsinn sie wohl hören werden.

Szene 2: Schneewittchen oder so

Haasin: Also: Es war einmal ein König, dem war die Frau gestorben. Und da nahm er sich eine andere Frau, eine Hexe mit einem Zauberspiegel. *Schreibt.*

Irina: Wirklich hexen können, das wäre so unfassbar geil!

Haasin: Und die Hexe...

Königin: Was soll denn der Blödsinn? Seit wann bin ich eine Hexe? Soll ich jetzt etwa gehen?

Hexe *rennt auf die Bühne:* Da bin ich! Bin ich dran?

Schneewittchen *versteckt sich vor der Hexe.*

Haasin *stutzt:* Ne, Moment, das war ja gar keine Hexe, das war ja eine Königin, die hatte einen Zauberspiegel. Genau. So war das.

Königin: Genau. Jetzt hat sie es doch noch.

Hexe *will abgehen:* Dann bis später.

Irina: Wenn ich einen König heiraten würde, dann würde ich auch die Tochter beseitigen, wie die Hexe in Schneewittchen und mir alles unter den Nagel reißen. Das wäre was!

Hexe *kommt zurück:* Also jetzt doch?

Haasin: Also, die Königin sah jeden Morgen in ihren Spiegel.

Königin *zur Hexe:* Nein nein, alles ist in Ordnung, du kannst gehen.

König: Genau, ich bringe dich vorsichtshalber.

Hexe: Dann haue ich mich nochmal aufs Ohr. *Mit dem König ab*

König: Was für ein Chaos! *Ganz ab.*

Irina: Ich wäre eine solche Hexe von Königin, die würden sich wundern.

Hexe *von hinter der Bühne:* Wie? Jetzt doch Hexe? Moment, ich komme!

König *von hinter der Bühne:* Was für ein wirres Chaos! Bleib da! Keiner braucht dich!

Hexe: Sie hat deutlich Hexe gesagt! Also werde ich gebraucht!

Königin: Nein! Hör weiter zu!

Haasin: Und die Königin sah jeden Morgen in ihren Spiegel und der sagte ihr, dass sie die schönste Frau auf Erden sei, außer ihrer Stieftochter Schneewittchen; die fand der Spiegel noch schöner.

König *hinter der Bühne:* Also nix mit Hexe! Geh ins Bett!

Hexe *hinter der Bühne:* Ist ja schon gut!

Haasin: Die Königin fragte den Spiegel: Spieglein, Spieglein an der Wand, ...

Königin *spricht mit:* Spieglein, Spieglein an der Wand, wer ist die Schönste im ganzen Land?

Spiegel *oder Chor von hinter der Bühne*: Frau Königin, Ihr seid die Schönste hier, aber Schneewittchen ist noch tausendmal schöner als ihr.

Königin *schreit:* O, das darf nicht sein! *Überlegt, ruft:* Jäger! Der Jäger zu mir!

Vor der Tür wird der Ruf immer leiser werdend weitergegeben: Der Jäger zur Königin! Der Jäger zur Königin! Der Jäger zur Königin!

Jäger *tritt ein, macht einen Diener:* Frau Königin?

Haasin: Die Königin sagte: Ich weiß, das ist jetzt nicht nett...

Königin *sieht unsicher zur Haasin, muss aber den Text sprechen:* Ich weiß, das ist jetzt nicht nett, aber der Spiegel sagt mir, dass Schneewittchen tausendmal schöner sei als ich. Das geht so nicht. Du musst sie leider erschießen, dann ist das geregelt und ich bin wieder die Schönste.

Irina: Jeden einfach erschießen lassen, den man doof findet. Das wäre was!

Schneewittchen *springt aus ihrem Versteck:* Wie bitte? Was war das?

Königin: Ach wie, du hast das jetzt gehört? Ja, das ist ja dumm. Richtig unangenehm ist mir das. Aber na gut, du hättest es ja eh erfahren. Jetzt sei ein liebes Kind und sei nicht bockig!

Schneewittchen: Bockig? Ich soll erschossen werden! Da darf ich ja wohl nicht ganz mit einverstanden sein!

Königin: Wirst du wohl aufhören, hier so herumzuschreien? Was sollen die Nachbarn und das Personal denn denken?

Haasin: Und der König hatte jedem, der halt wollte, die Hand der Prinzessin und das halbe Königreich versprochen.

Königin *traut ihren Ohren nicht:* Was schreibt die sich denn da zusammen?

Schneewittchen: Kenne ich das Märchen schon, oder was? Es klingt bis jetzt so neu, als ob ich es noch nie gehört hätte.

Jäger *hat gut überlegt, wirft sich jetzt in die Brust und tritt einen Schritt vor*: Also gut. Königliche Hoheit: Schneewittchen zur Frau: *Pause:* Ja.

Schneewittchen: Wie bitte????

Jäger: Das halbe Königreich: Ja. Aber jemanden erschießen: *Pause:* Nein, Das mache ich nicht.

Königin: Ach ja? Und warum nicht?

Jäger: Das gehört sich nicht.

Schneewittchen: Allerdings nicht.

Königin: Halt du dich da raus. Vorlautes Gör. *Zum Jäger:* Das gehört sich also nicht?

Jäger: Nein, das gehört sich nicht. Ich bin ein ehrlicher Jäger. Arm, aber ehrlich. Na gut, sehr arm. Halt ein angestellter Jäger. Da wird man nicht reich bei den miesen Löhnen in diesem Königreich. Aber ehrlich. Arm, aber ehrlich. Jawohl. Ich bin so frei, königliche Hoheit. Mit Verlaub.

Haasin: Der Jäger aber war ein ehrlicher Mann und arm.

Irina: Ob man wohl sein Leben lang arm, aber doch ehrlich bleiben kann?

Königin: So so, arm, aber ehrlich. Und ein treuer Landesjäger deines Königs?

Jäger: Selbstverständlich.

Königin: Dann erteile ich dir den dienstlichen Sonderbefehl mit Sondervergütung, Schneewittchen in den Wald zu bringen und dort zu erschießen. Wie viel Geld brauchst du?

Schneewittchen: Was ist los?

Jäger: Das ist etwas anders. Ein dienstlicher Sonderbefehl? Dann muss es sein, königliche Hoheit. Den darf ich nicht verweigern. Wegen der Sonderzahlung melde ich mich, das muss ich nachrechnen. *Packt Schneewittchen am Arm, zieht sie hinter sich her:* Dann kommt, Befehl ist Befehl.

Schneewittchen: Hilfe! Hilfe!

Königin: Jetzt hör auf, hier so herumzuschreien! Unglaublich!

Jäger: Prinzessin Schneewittchen, Ihr müsst doch einsehen, dass alles seine Richtigkeit hat. Ich muss Euch erschießen. Das ist halt so.

Schneewittchen: Das ist halt so????

Jäger: Aber ja! Alle wissen das! Ihr seid die schwache Prinzessin und...

Schneewittchen: Ich bin schwach??? *Verprügelt den Jäger.*

Jäger: Aua! Was macht Ihr denn da? Das ist doch falsch herum? Aua!

Schneewittchen: Falsch herum?

Königin: Unfassbar! So was von einer Prinzessin!

Jäger: Ja, natürlich falsch herum! Seht mal ich bin der Jäger; hier mein Jägerhut. Und Ihr seid Schneewittchen, Haare schwarz wie Ebenholz. Also muss ich Euch auf Befehl Eurer Frau Mutter in den Wald bringen zum Erschießen!

Schneewittchen: Da hört sich doch alles auf. *Reißt dem Jäger den Hut vom Kopf, sich die Perücke, setzt sich den Jägerhut auf und dem Jäger die Perücke.* Und? Was jetzt? Wie wäre es, wenn ich dich jetzt in den Wald bringen und erschießen würde? Schwarzlöckchen?

Jäger: Aber Prinzessin, das ist doch alles falsch!

Haasin *hört auf zu schreiben*: Nein nein, irgendwie stimmt das alles nicht.

Jäger: Passt auf, ich werde es euch erklären. *Geht schnell ab.*

Schneewittchen: Na, wie will er mir das denn wohl erklären?

Königin: Was gibt es denn da groß zu erklären? Watt mutt, datt mutt, wie man so im Norden sagt. Fertig aus.

Schneewittchen *starrt die Königin an:* Jetzt wird es völlig verrückt, oder wie?

Jäger *bringt eine Ausgabe Grimms Märchen, blättert darin, findet dann die Stelle, zeigt sie Schneewittchen:*

Hier, seht selbst! Ich würde Euch in den Wald bringen, dort aber nicht erschießen, sondern würde der Königin eine Hirschzunge statt der Euren bringen...

Königin *nähert sich drohend dem Jäger:* Ach schau an, so wäre das also!

Jäger: Ihr würdet bei sieben Zwergen im Wald leben und ihnen den Haushalt führen, während die als Bergleute arbeiten...

Schneewittchen: Was würde ich??? Nie im Leben!! Ich bin doch nicht völlig verblödet!

Jäger: ... bis Ihr von Eurer Frau Stiefmutter erst mit einem Kamm und dann mit einem Apfel fast vergiftet werdet und ein Prinz Euch durch einen Kuss erlöst und Euch heiratet. Da stehts! *Zeigt ins Buch.*

Prinz *von außerhalb der Bühne:* Moment, ich habs gehört! *Stürmt auf die Bühne, wobei er sich noch die Garderobe ordnet:* Der Prinz, das bin ich! Das ist mein Stichwort! Da bin ich! Ich bin da, zur Stelle! Kussfertig angetreten. *Salutiert vor dem Förster, erkennt den Fehler, salutiert nochmal vor der Königin.* Soll ich jetzt sofort küssen? Wen denn? Wo ist sie? Ich bin doch dran? Küsse ich die da? Oder wen? *Dreht sich suchend um, fixiert Schneewittchen:* Aja, bestimmt die da. Die sieht am ehesten nach Prinzessin aus. *Fixiert nochmal die Königin:* Ne, die nicht. *Zu Schneewittchen:* Also los! Kuss? Ich bin ja wohl dann endlich dran.

Königin *droht vor Zorn zu platzen.*

Schneewittchen: Wenn du mich unverlangt küsst, <u>bist</u> du dran, aber frag nicht wie!

Prinz: Hä?

Königin *sehr hochnäsig aufgrund des Schocks*: Was für eine Ausdrucksweise? Und Ihr wollt ein Prinz sein?

Prinz *genervt:* Also gut. *Zu Schneewittchen:* Wie meinen, Holdeste? *Zur Königin:* Besser?

Königin *wendet sich empört ab:* Tststststs!

Prinz: Also <u>soll</u> ich jetzt küssen, oder was? Ja? Nein? Vielleicht? Die da doch nicht? Wen denn dann? *Dreht sich suchend um:* Moment, wo ist denn der Sarg?

Schneewittchen *süffisant:* Deiner?

Prinz: Ach Quatsch! Der Glassarg mit der Prinzessin drin. Sollte die nicht liegen? Ich bin jetzt auf Küssen im Liegen trainiert. Also doch nicht die? Die steht ja.

Königin: Doch, Prinz, ihr sollt ...*völlig überdreht...* <u>die</u> <u>da</u> küssen. Im Stehen. Jetzt. Ohne Sarg. Einfach nur küssen.

Prinz: Das ist gut, ich bin ja der Prinz aus Schneewittchen. Ich will und muss jetzt küssen. Ich kann ja nix anderes. Hab ja nix gelernt. Also, nix Richtiges. Aber das Küssen hab ich gelernt. Und jetzt sogar mit Improvisation. Im Stehen. Oha, ungeprobt. *Zu Schneewittchen:* Wird schon werden. Ich bin ja Profi. Prinz halt. Profiprinz. Mit quasi einer inoffiziellen Lizenz zum Küssen. Hehe. *Dehnt seine Finger.* Und? Fertig? Kann ich jetzt mal langsam? *Macht Kniebeugen und andere Turnübungen zum Aufwärmen.*

Schneewittchen: Wie heißt die Antwort mit zwei Buchstaben?

Prinz: Ja. Also gut. *Macht sich mit heftigem Lippentraining kussfertig.* Brrrrrrrrrrrrrrrrrrrrrrrrr..................

Schneewittchen: Falsch, die Antwort mit zwei Buchstaben heißt Nö! Und jetzt verzieh dich. Oder ich erschieße heute doch noch jemanden. *Zum Jäger:* Ich brauche mal ganz kurz ein Gewehr!

Jäger *sieht erstaunt zur Königin.*

Königin: Untersteh dich, ihr dein Gewehr zu geben! Versager! Zeigen sollen hättest du ihr dein Gewehr, von vorne, über Kimme und Korn! Kurz und schmerzlos! Und jetzt das! Du darfst gehen!

Jäger: Sehr wohl, königliche Hoheit! Ich gehe! *Schneller Abgang.*

Königin: Nein, also sowas!

Prinz: Die Prinzessin will den Prinz erschießen statt Küssen? Die Stelle im Text kenne ich so gar nicht. Ist das richtig so? Ist das neu?

Haasin: Nein, nein, nein, das ist ja alles Mist!

Schneewittchen: Ich erschieße hier lieber alle, bevor ich mich von dir küssen lasse.

Prinz: Ist ja schon gut! *Sieht sich um:* Will sonst jemand? *Dreht sich zu jedem auf der Bühne, bietet seine Kussdienste an. Zum Schluss zur Königin:* Na, vielleicht du? Äääăh, Ihr, Frau Königin? Lust?

Königin: Also so was! Ihr wollt ein Prinz sein? Die Rolle eines Prinzen ist in einem jeden Märchen die Rolle des vollkommenen Helden, des edlen Recken! Ihr füllt die Prinzenrolle in keiner Weise so aus, wie die Prinzenrolle gemeint ist!

Prinz *betastet seinen Bauch:* Wie, was, Prinzenrolle? Ich bin doch nun wirklich nicht so fett?

Schneewittchen: Aus welcher Klamottenkiste habt ihr denn den da gezogen? Das soll ein Prinz sein? Lächerlich!

Königin: Nein, was für ein ungezogenes Kind!

Prinz: Was ist denn? Werde ich jetzt noch zum Küssen gebraucht oder nicht? Kann mir mal einer sagen, was hier läuft?

Schneewittchen: Nix läuft hier, gar nix. Verzieh dich mit deiner Prinzenrolle dahin, wo der Pfeffer wächst!

Prinz: Da vergeht einem das Küssen aber ganz schnell! Ist ja schon gut! Dann küsse ich halt wen anderes! Woanders! Sowas habe ich doch nicht nötig! Ich bin voll ausgebildeter Märchenprinz! *Ab.*

Königin: Was soll das denn alles? So ein Unsinn! Prinz, so wartet doch! Prinz! Wo kriege ich denn jetzt einen Ersatzprinzen her? *Schnell dem Prinzen nach ab.*

Schneewittchen: Da steche ich mich ja lieber mit einer Spindel in den Finger und schlafe hundert Jahre lang, als dass ich das Affentheater hier mit dem voll eingebildeten Kussprinz mitmachen würde. Was für ein Blödsinn! *Ab.*

Haasin: Nein, das ist alles so wirr und falsch. Ich bin mir sicher, so war das nicht. Ich glaube, ich lege mich kurz hin und ruhe mich aus. Danach wird es besser gehen. *Ab, Licht auf ihrer Seite aus.*

Irina *verträumt:* Wie es wohl wäre, wenn ich Prinzessin wäre?

Jasmin *tritt leise dazu, hört ihrer Tochter zu.*

Irina: Das wäre echt fett. Alle müssten tun, was ich will und ich dürfte allen Befehle geben. Sogar der blöden Weishaupt. Was für ein Leben!

Jasmin *löst sich von der Wand, tritt zu Irina:* Na, geht's besser? Immer noch beim Träumen?

Irina: Ist das so schlimm?

Jasmin: Nein, nicht wirklich. Darf ich?

Irina: Klar.

Jasmin *setzt sich zu Irina, nimmt sie in den Arm.*

Jasmin: War das gerade Grimm?

Irina: Ich wünschte, ich wäre eine Prinzessin wie Schneewittchen.

Jasmin: Ach, soll ich dich vergiften?

Irina: Quatsch. Nur so ein geiles Leben haben wie die.

Jasmin: Mit sieben Zwergen im Wald Bergbau betreiben und Hausmütterchen sein?

Irina: Du willst mich nicht verstehen, oder?

Jasmin: Ich? Doch klar. Ich könnte dich ... *sehr ironisch ...* NIE anlügen. Schau mir in die Augen: Können diese Augen ihre Tochter anlügen?

Irina: Nö, aber der Mund drunter, der kann. Der hält es nicht so genau mit der Wahrheit.

Jasmin: Wenn ich lüge, soll mir die Nase wachsen!

Irina: Pinocchio, oder wie?

Jasmin: Ach was, an den erinnerst du dich noch?

Irina: Klar!

Jasmin: Dann drehen wir das ganze jetzt mal um, und die Tochter erzählt der Mutter mal Geschichten aus dem Kinderbuch.

Irina: Geht klar! Also... Darf ich auch zwei Geschichten? Aber so, wie ich das will? Nicht so langweilig, sondern mal ganz anders?

Jasmin: Überlebe ich das? Oder bekomme ich einen Herzinfarkt wegen dir?

Irina: Kommt auf den Versuch an!

Jasmin: Dann gehe ich ...

Irina: Du bleibst hier. Also.... Pinocchio hatte doch so zwei falsche Freunde, die Füchsin und den Kater, die ihn immer betrogen haben.

Jasmin: Stimmt. Sogar um sein Geld haben sie ihn mal betrogen, bei der Geschichte mit dem Geldacker. Aber: Gibt es denn falsche Freunde? Sind das denn Freunde?

Irina: Naja, eigentlich natürlich nicht, aber Pinocchio glaubte das ja. Und deshalb hatte er ja, weil die zwei ihm gesagt hatten, warte mal... Wie war das?

Jasmin: Die beiden hatten ihm gesagt, es gäbe da einen Geldacker, auf dem aus jedem vergrabenen Geldstück über Nacht ein Geldbaum wachsen würde, wenn man nicht dableibt. Pinocchio sollte schlafen und davon träumen, wie die Geldbäume wachsen und dann würden sie am Morgen dastehen.

Irina: Ach ja stimmt! Und dann hatten die beiden natürlich alle Goldstücke wieder ausgegraben, kaum dass Pinocchio um die Ecke verschwunden war und hatten sich damit aus dem Staub gemacht.

Jasmin: So, und ab da willst du die Geschichte erzählen? Dann fang an!

Irina: Also, Füchsin und Kater gehen mit Pinocchios Geld die Straße lang....

Szene 3: Wahre Freunde

Jasmin: Ja, ich sehe es vor mir.

Irina: Die Füchsin geht schnell voran und der Kater folgt ein bisschen dahinter.

Jasmin: Und Pinocchio? Wo ist der?

Irina: Der darf doch gar nicht mehr da sein! Der war doch mit den fünf Goldstücken, die er geschenkt bekommen hat, auf dem Acker und hat sie gepflanzt. Und Kater und Füchsin haben sie schon wieder ausgegraben.!

Jasmin: Ach ja, stimmt ja.

Irina: Vorher waren die Füchsin, der Kater und Pinocchio ja im Gasthaus zur Roten Krabbe und der Kater und die Füchsin sind weg, ohne zu bezahlen, so dass Pinocchio für sie bezahlen musste. Und dann wurde Pinocchio noch überfallen und von der Fee gerettet und will jetzt endlich heim mit dem Geld. Und Pinocchio hat die zwei ja nochmal in der Roten Krabbe getroffen und da haben sie ihm von dem Glücksacker erzählt, auf dem angeblich Geldbäume wachsen, wenn man da Münzen pflanzt.

Jasmin: Au Mann, habe ich die Geschichte schon lange nicht mehr gehört. Stimmt, so war das! Erzähl weiter!

Irina: Ok. Also.......

Licht auf die zentrale Szene

Szene 3a: Wahrhaft falsche Freunde

Füchsin: Hihi, das hat sich gelohnt. Wer hätte gedacht, dass die dumme Holzpuppe gleich so viele Goldstücke hat? Fünf Stück!

Kater: Und er hat alle, aber auch wirklich alle auf dem Acker vergraben und wartet jetzt, dass da morgen lauter Geldbäume stehen. Der arme Irre. Der Arme. *Bleibt hinter dem Füchsin zurück, bleibt dann stehen.* Füchsin?

Füchsin *dreht sich genervt um:* Ja? Was ist denn?

Kater: Den armen Pinocchio haben wir ja ganz gewaltig angelogen. Er hat sich das Geld doch ehrlich verdient mit seiner Angst, von Feuerfresser verheizt zu werden, war so froh darüber. Er hat so sehr gehofft zu seinem Geppetto mit viel Geld heimzukommen, deshalb hat er doch auf uns gehört. Sogar gegen die Räuber hat er sein Geld verteidigt, und jetzt das? Jetzt haben wir sein Geld, das er auf dem Acker gesät hat, und er wird weinen und wir haben ihn betrogen. Er tut mir leid. Ehrlich. Warum sind wir so böse zu ihm? Ein paar Goldstücke hätten wir ihm doch dalassen können. Zwei vielleicht. Vielleicht sogar an einen Baum gebunden. Dann wäre er nicht so traurig und wäre nicht so enttäuscht. Er denkt doch immerhin, wir seien seine Freunde. Irgendwie.

Füchsin: Na, wenn er doch so dumm ist, jeden für einen Freund zu halten, dann hat er jetzt etwas daraus gelernt. *Atmet tief durch, geht zum Kater und sieht ihm fest in die Augen:* Ist doch nett, dass wir ihm das beigebracht haben. Wie gute Freunde, die einem Freund immer helfen sollen, klüger und gescheiter zu werden. Ich finde uns prima. Wir sind gute Freunde, glaub mir. Es kommt immer auf den Blickwinkel an. Auf die Definition. Das ist die Wahrheit, glaube mir. Eine Frage der Definition. Nichts weiter. So wie alles.

Kater: Alles nur Definition? Bist du sicher?

Füchsin: Aber natürlich bin ich sicher, Katerchen. Natürlich. Das ist doch alles ganz einfach. Die reine Wahrheit, sonst nichts!

Kater: Na aber Füchsin, das ist ja schon ein bisschen arg hingebogen, oder? So ganz die Wahrheit ist das ja beim besten Willen nicht. Nein nein, beim besten Willen nicht. Ich fürchte, du lügst so oft und geschickt, dass du dir deine eigenen Lügen schon selbst glaubst. Das ist nicht gut, nein nein. Nicht gut, gar nicht gut. Und nicht die Wahrheit.

Füchsin: Wahrheit? Ach quatsch, Wahrheit! Eine Wahrheit, die nur um ihrer selbst wahr ist, ist bedeutungslos. Wenn du lügst, dass sich die Balken biegen, aber du machst durch diese Lüge die Welt besser, dann ist das richtiger als die richtigste Wahrheit. Wahrheit alleine ist nichts, das Richtige zu wollen und zu tun ist alles. Nichts ist besser als das Gute. Auch nicht die Wahrheit.

Kater: Hä? Das Gute ist besser als die Wahrheit?

Füchsin: Aber ja doch! Wahrheit um ihrer selbst willen kann sogar das Schlimmste sein, was es gibt. Lüge ich, um die Menschen zum Besseren zu führen, dann kämpfe ich vielleicht gegen die Wahrheit, aber für das, wofür zu kämpfen es wert ist. Ja, ich bin ein Lügner, aber ich lüge, weil man aus der Lüge mehr lernen kann als aus der wahrsten Wahrheit. Was wahr ist, muss nicht richtig sein. Auf der Wahrheit zu beharren kann das Falscheste sein, was du tun kannst. Wahrheit ist nur dann wahr, wenn es dienlich ist. Eine Wahrheit zur falschen Zeit am falschen Ort ist unwahr, ist schlimmer und verbrecherischer als jede Lüge es sein könnte. Wenn du Menschen, die eigentlich nichts zu befürchten haben, sagst, dass dieser oder jener, von dem du weißt, dass er besser nicht leben würde, sie berauben will und sie dadurch so wütend auf ihn werden, dass sie ihn beseitigen, dann hast du nicht gelogen, sondern die Welt zu einem besseren Ort gemacht. Oder etwa nicht? In Wahrheit wäre nie etwas so Schlimmes geschehen, wie du es erfunden und als Teufel an die Wand gemalt hast, aber du hast die Welt verbessert, indem du diesen Teufel erschaffen und andere dazu bewegt hast, sich gegen dieses erfundene Bild real zu wehren und dadurch das Richtige zu tun. Du hast gelogen, aber es war besser so für alle. Na ja gut, nicht für alle. Nicht für den, den sie erschlagen haben, aber lieber einer tot, als alle anderen schlafen weiter und verstehen nicht, dass du recht hast.

Kater: Aber vielleicht bin ich ja gar nicht der Klügste, der alleine bestimmen sollte, wer leben darf und was gut ist? Wer ist schon alleine so klug? Ich nicht, glaube ich.

Füchsin: Du hast aber auch gar kein Selbstvertrauen. Aber keine Sorge, du hast ja mich. Mir kannst du vertrauen. Von mir kannst du unbesorgt lernen. Du musst nur meiner Meinung sein, dann ist alles richtig. Wer anderer Meinung ist als ich und du, den musst du durch Lüge zu deiner Erkenntnis zwingen dürfen. Dadurch wird alles besser. Besser als durch das alberne Herumreiten auf der Wahrheit. Wahrheit muss aus Wachs sein, nicht aus Eiche oder Granit. Wahrheit muss biegsam sein, damit sie dem Guten dienen kann. Nur dann hat sie einen Sinn. Oder möchtest du mir da widersprechen, Kater?

Kater *sieht die Füchsin bewundernd an, ist gebannt, beginnt dann plötzlich heftig zu applaudieren:* O Füchsin, das hast du sooooo schön gesagt! Ich bin ganz gerührt. Ich glaube, ich habe nicht ein Wort verstanden davon, aber es klang so herrlich, so klug, ganz so, als ob ein Professor spreche würde! Dann hast du bestimmt recht. Kompliziert, aber schöööööön. Echt kompliziert. Für mich zumindest. Aber es war so schöööööön! Wunderbar war es! Ganz wunderbar! Ich hab's zwar nicht begriffen, aber ich werde es bestimmt in meinem ganzen Leben nicht vergessen, wie schön das war. Herrlich. *Seufzt lächelnd und die Füchsin bewundernd anschauend.*

Füchsin: Danke. Danke schön. Ganz herzlichen Dank. Habe ich gerne gemacht. Gern geschehen. So, dann gib mir jetzt mal das Geld.

Kater *hebt den Beutel mit dem Geld hoch:* Hier ist es, ganz schön schwer. Was willst du damit?

Füchsin: Na was wohl? Verwahren will ich es, für uns beide. Für dich und für mich, halbe halbe, so wie abgemacht. Du vertraust mir doch? Wir sind doch Freunde?

Kater: Ja, sind wir. *Überlegt.* So wie Pinocchio auch ein Freund von uns ist. *Überlegt.* Und Pinocchio hast du ja auch das Geld weggenommen. Ich denke, ich sollte es dir nicht geben. Zumindest nicht alles. Nicht meinen Anteil. Ich trage es und wir teilen, wenn wir an einem sicheren Ort sind. In Ordnung? *Geht ab, die Füchsin dabei im Auge behaltend.*

Füchsin: Aber Kater, was hast du denn? *Folgt dem Kater.* Woher dein Misstrauen? Ich bin es, die Füchsin, dein bester Freund! Wann hätte ich dir je Anlass gegeben, mir zu misstrauen? *Laut werdend:* He, Kater! Bleib doch mal stehen!

***Beide** ab.*

Jasmin: Schöne Freunde, oder? Da kann man ja dem besten Freund nicht vertrauen, wenn man so eine Geschichte hört.

Irina: Naja, aber es gibt ja auch richtige echte Freundschaft.

Jasmin: Ach ja? Welche denn? Lass mal hören.

Irina: Na, die von den zwei Haubauten, die mit dem Zauberer den Ring in den Vulkan geschmissen haben, damit der böse Zauberer ihn nicht bekommt, oder so. Da gab es doch mal die Filme drüber. Das waren echte Freunde.

Jasmin: Naja, aber auch alle ziemlich blöde, oder? Wegen einem Ring so eine Gefahr auf sich zu nehmen.

Irina: Wieso? O Mann, ich bekomme die Geschichte nicht mehr ganz zusammen. Erzähl doch mal!

Jasmin: Also, ich meine, das war so: ….

Szene 3b Der Chef des Fingerschmucks

Von der anderen Seite kommen drei Gestalten: Gand-ET, Bodo und Bram. Sie lachen lauthals, auch schon bevor sie die Bühne betreten.

Gand-ET: Wie gut, dass wir den blöden Ring in den Horoskop-Berg geworfen haben. Das habt ihr beiden sehr gut gemacht. Ihr habt damit den Chef des Handschmucks daran gehindert, die Weltherrschaft zu übernehmen.

Irina: Ach ja, jetzt weiß ich wieder. Lass mich weitererzählen.

Jasmin: Na gut, wenn du meinst. Lass hören.

Irina: Das waren Bodo und Bram, die Haubauten, und der Zauberer Gand-ET. Die haben gerade den Ring im Vulkan zerstört. Und gehen wieder heim.

Jasmin: Sind die nicht mit Adlern geflogen?

Irina. Ach ja, stimmt! Jetzt sei mal ruhig, ich erzähle jetzt. Also: Bodo sagt:

Bodo: Dabei hat Onkel Bibob so an dem Ring gehangen. Aber es war wohl besser so, dass er vernichtet wurde. Lieber Onkel Bibobs Ring, als die ganze Welt.

Bram: Aber eigentlich müssen wir uns bei dir bedanken, Gand-ET, dass du uns diese schöne Reise beschert hast.

Bodo: Ja, das war so toll! Ich sage euch, das vergesse ich mein ganzes Leben lang nicht mehr.

Gand-ET: Nur gut, dass alle meine Sorgen, dass etwas schief gehen könnte, am Ende doch völlig umsonst waren. Ihr habt da ein echtes Meisterwerk abgeliefert. Alle Achtung, so bekommt das nicht jeder hin. Ich bin stolz auf euch beide. Gut gezielt, und das bei der Höhe und der Hitze im Vulkan!

Bram: Ja, Gand-ET, das war vielleicht aufregend. Aber wann fliegt man schonmal? Doch nie?

Bodo: Außer, man heißt Gand-ET, ist ein großer Zauberer und hat die Adler zu Freunden.

Gand-ET: Ich hatte ja nur Sorge, dass die Adler sich die Federn versengen, wenn sie über den Schlot des Vulkans fliegen. Aber nein, ihr habt gut gezielt und genau reingeworfen. Das war doch ein toller Tag für euch, oder? Nach dem Frühstück losfliegen und die Welt retten und zum Abendessen wieder zuhause sein.

Bram: Naja, Bodo hat ja allen Ernstes den Vorschlag gemacht, wir könnten auch die Reise zu Fuß machen, weil er doch so Angst vor dem Fliegen hatte.

Bodo: Da hätte ja auch wer weiß was passieren können! Stell dir vor, wir hätten den Halt verloren und wären runtergefallen, am Ende noch in den Krater!

Gand-ET: Na, Bodo, das wäre aber zu Fuß viel gefährlicher gewesen als das bisschen Fliegen! Hat doch Spaß gemacht, oder?

Bodo: Ja, das war echt ein Spaß. Man darf ja dazulernen.

Bram: Welt retten mit Spaßfaktor. Da könnte ich mich dran gewöhnen.

Gand-ET: Also, die Adler haben nicht immer Zeit für euch. Aber ich kenne da ein paar Kraniche, die könnte ich vielleicht überreden. Die brüten immer da unten bei Frankfurt am Main, wer weiß, ob die nicht Lust hätten. Sind alle sehr nett. Aber jetzt kommt, jetzt wollen wir endlich feiern! Drüben, in der Roten Krabbe!

Bodo: Genau! Das haben wir uns verdient.

Bram: Naja, verdient? Eine Spaßreise ist nichts, worüber man später Lieder dichtet, und als Helden wird uns auch keiner in dicken Büchern besingen.

Bodo: Na und? Wer liest schon Bücher? Völlig überflüssig!

Gand-ET: Bodo, Bodo!

Alle drei ab.

Jasmin: Ach du meine Güte, Tochter, gut, dass du nicht mehr in der Schule bist und da so einen Blödsinn erzählen kannst. Wer sich so einen gequirlten Unsinn ausdenken kann, der kann ja in der Birne nicht ganz gesund sein.

Irina: In der Schule fällt das keinem auf, da sind nur Lehrer, die sind eh zu doof um sowas zu verstehen.

Jasmin: Alle?

Irina *überlegt kurz:* Ja, alle. Lehrer gleich doof.

Jasmin: Dann kannst du ja von Glück sagen, dass Frau Weishaupt keine Lehrerin ist.

Irina *drohend:* Mama???????

Jasmin: Ist ja schon gut. Hunger?

Irina: Nur, wenn du die Weishaupt nicht mehr erwähnst. Was gibt's?

Jasmin: Keine Ahnung, du bist mit Kochen dran. Ich hätte so ganz merkwürdig Appetit auf eine Pizza Frutti di Mare. Merkwürdig. Mag ich doch sonst nie? Aber egal, was es gibt, Hauptsache, du machst es.

Irina: Och nö!!!!!

Jasmin: Und ob!

Irina: Nein!

Jasmin: Allerdings!

Beide diskutierend ab.

Szene 4: Vielleicht was mit Tieren

Haasin *kommt verschlafen, gähnt groß, kehrt dann zu ihrer Schreibarbeit zurück:* Na, dann will ich mal wieder. Mal sehen. Was fällt mir denn noch so ein? Vielleicht mal was mit Tieren, oder so. Da war doch irgendwas mit Frankfurt... oder Darmstadt? Die Tiere haben da gesungen. Ein Hahn war das, ein Esel, eine Ziege, eine Kuh und ein Hund. Und eine Katze. Oder so. Moment. *Überlegt sichtbar angestrengt.* Und die hatten ein Konzert gegeben, irgendwie bei einer Räuberbande. Und eine Zirkusnummer aufgeführt, so als lebende Pyramide. Aber... das geht so ja nicht.

Nimmt ein neues Blatt, beginnt alles aufzumalen:

Mal probieren: Unten die Kuh, dann der Esel, dann die Katze, ... nein, falsch, dann die Ziege, dann der Hund... ja, so geht's. Dann die Katze und dann der Hahn.

Betrachtet die Zeichnung kritisch, nimmt sie auf, geht damit durch den Raum, dreht sie prüfend hin und her. Ihr Gesicht zeigt zunehmende Missbilligung.

Also nein, das sieht ja ganz unmöglich aus. Das klappt ja nie.

Sie überlegt weiter, kritzelt auf dem Blatt herum.

Ne, immer noch doof.

Vertieft sich in die Malarbeit. Gibt irgendwann enttäuscht auf.

Ich glaube, ich lege mich nochmal hin. So überarbeitet, wie ich bin, kann das ja nichts werden. Tiere hin oder her, ich tue jetzt so, als wären die schon wieder alle weg. Sollen die Räuber doch sehen, wo sie bleiben. Die Tiere lasse ich erstmal verschwinden. Ich träume jetzt erstmal gut. Dann sehe ich weiter.

Schlurft wieder ab Richtung Bett.

Szene 4a: Die Spessarter Waldmusikanten

Zwei Räuber wanken in zerfetzten Hemden auf die Bühne, sinken auf eine Bank. Sie sehen sehr, sehr mitgenommen aus. Sie starren fast die gesamte Szene über mit leerem Blick über das Publikum, sehr antriebslos, unter Schock stehend.

Heinrich *starrt in die Ferne; nach einer Weile:* Hach ja.

Peter *mit leerem Gesichtsausdruck zustimmend:* Hmmmmmmmm!

Pause.

Heinrich: Tja.

Peter: Hmmmmmmmmmmmmmmmmmmmm.

Pause.

Heinrich: Ich fühle mich wie in einem schlechten Traum.

Peter mit tiefem Seufzer: Ja.

Heinrich: In einem ganz üblen Albtraum.

Peter: So ist das dann wohl.

Heinrich: Ja. So ist das dann wohl.

Peter: Sieht so aus.

Heinrich. Ja.

Pause.

Heinrich: Ja, so sieht das wohl aus. Ende, aus.

Lange Pause.

Heinrich: Du, Peter?

Pause.

Peter: Was isnn los, Heinrich?

Heinrich: Definitiv nicht unser Tag heute.

Peter: Ne, definitiv nicht. Nicht unser Tag.

Heinrich: Heute nicht.

Pause.

Heinrich: Kannst du mir mal bitte sagen, was das eben war?

Peter: Ne, Heinrich, kann ich nicht. Sah aus wie ne Kuh oder so.

Heinrich: Oder wie ein Esel auf einer Kuh.

Peter: Und ein Hahn ganz oben und ne Katze, ein Hund und eine Ziege dazwischen.

Heinrich: Ja, so sah das aus.

Pause.

Heinrich: Du Peter?

Peter: Wasnn Heinrich?

Heinrich: Haben wir das alles nur geträumt?

Peter: Ne, Heinrich. Mir tun die Ohren jetzt noch weh von dem ganzen Geschrei, Gekrähe und Gejaule, was die gemacht haben. Schlimmer können die Posaunen vor Jericho auch nicht gewesen sein.

Heinrich: Besonders die Kuh, die war vielleicht laut.

Peter: Und die Ziege hatte aber auch gar kein Gefühl für Rhythmus.

Heinrich: Der Esel auch nicht.

Pause.

Peter: Du Heinrich?

Heinrich: Wassn los Peter?

Peter: Wie konnten die eigentlich alle so da stehen, so aufeinander? Hast du sowas schon mal gesehen?

Heinrich: Nur als Kind, in einem Märchenbuch; da waren das aber nur ein Esel, ein Hund, eine Katze und ein Hahn. Und die wollten nach Bremen.

Peter: Ja, das kenne ich auch. Aber das war da oben in Norddeutschland. Wir sind hier aber im Spessart! Hier gibt's doch sowas gar nicht.

Heinrich: Ne, eigentlich nicht.

Peter: Nach Bremen ist hier die völlig falsche Richtung.

Heinrich: Stimmt.

Peter: Hier im Spessart kommt keiner durch nach Bremen.

Heinrich: Ne. Nie.

Peter. Nie.

Lange Pause.

Peter: Du Heinrich?

Heinrich: Wassn Peter?

Peter: Was sollen wir denn jetzt machen? Hast du mal drinnen reingeschaut? Alles kaputt. Nichts mehr zu gebrauchen. Alles zerbrochen, alles zerfetzt. Wir sind am Ende.

Heinrich: So schlimm?

Peter *nickt trostlos:* Jupp, so schlimm.

Heinrich *steht langsam auf:* Ich geh mal nachsehen.

Verschwindet dahin, woher die beiden gekommen waren. Man hört ihn räumen.

Peter *nach einer Weile:* Und? Wie siehts aus?

Heinrich *von außerhalb der Bühne:* Naja, ich hab's mir schlimmer vorgestellt. *Kommt zurück mit dem Wirtshausschild Zur roten Krabbe (Del Gambero rosso), einem Fässchen und Kleidung unter dem Arm und zwei Zinnbechern:* Wir haben noch eine Masse zu essen und zu trinken und jede Menge Betten. Die anderen sind ja auf und davon, und ich glaube nicht, dass wir die Angsthasen jemals wiedersehen werden. Aber das Bettzeug kriegen wir wieder hin und wir haben noch neue Klamotten. *Zieht sich ein intaktes Hemd über und einen Hut auf. Präsentiert sich:* Und, wie sehe ich aus?

Peter: Nicht schlecht. Wie der reiche Wirt, den wir letzten Monat besucht haben. Ist für mich auch noch was da?

Heinrich: Klar, jede Menge. Such dir was aus. *Überlegt angestrengt.*

Peter *macht sich auch nach seinem Verständnis schick:* Jetzt sind wir beide doch ganz respektable Kerle! Lass uns verschwinden! Mal sehen, was das Leben uns noch bietet. Etwas Besseres als den Tod finden wir überall.

Heinrich springt auf, schlägt Peter freundschaftlich auf die Schulter: Spinnst du? Du hattest doch eben den Einfall deines Lebens!

Peter: Ich? *Überlegt kurz.* Ja klar, der Einfall! Der ist prima, nicht wahr? Welchen meinst du denn genau?

Heinrich: Idiot! Den mit dem Wirt! Was haben wir noch: Essen, Trinken, Betten, Bettzeug, Tische, Stühle! Wir machen ein Wirtshaus auf!

Peter: Hier mitten im Spessart ein Wirtshaus? Das läuft nie! Hier kommt doch nie einer durch, haben wir eben schon gesagt.

Heinrich: Ach Quatsch, nur nicht nach Bremen. Aber anderswohin jede Menge! Glaub mir.

Peter: Das wäre ja toll! Wir werden reich!

Heinrich: Klar! Ich sage dir, von uns redet man noch in hundert Jahren! Immerhin haben wir doch schon einen Brotberuf als Räuber, und reiche Reisende gibt's überall! Warum sollten wir den Hauptberuf also aufgeben, hier so schön abseits? Das passt doch wie Faust auf Auge! Sogar ein Schild haben wir schon! Hier! *Zeigt triumphierend das Gambero-Rosso-Schild.*

Peter *scheint nicht überzeugt zu sein:* Was soll das denn bitte schön sein?

Heinrich: Keine Ahnung, das habe ich gefunden, da lagen ein Kater und eine Füchsin drauf und haben geschlafen. Sieht doch toll aus?

Peter: Aber ein Krebs hier im Spessart mitten auf dem Berg? Was soll das denn bedeuten? Und dann noch mit Latein oder Französisch drauf? Das glaubt uns doch keiner?

Heinrich: Mann, wie kann man nur so bescheuert sein! Das ist doch <u>der</u> Beweis dafür, dass wir das beste Gasthaus weit und breit sind! Sogar französische Meeresfisch-Küche! Das kann keiner übertreffen!

Peter: Französischer Meeresfisch frisch hier im Spessart? Jetzt bist du übergeschnappt, oder? Da riecht ja schon das Schild über der Tür nach Lebensmittelvergiftung!

Heinrich: Du musst aber auch wirklich überall erstmal ein Problem sehen, und wenn du es erfindest! Immer erstmal schwarzmalen, Hauptsache du kannst ein winziges Haar in einer ozeangroßen Suppe finden! Wir haben doch gar keinen Fisch, also wird auch keiner vergiftet! Also, nicht mit dem Essen auf jeden Fall. Und auch ansonsten nur bei Bedarf. Klar? Das wird schon!

Peter: Naja, irgendwie hast du recht. Dann waren die kreischenden Tiere vorhin doch zu was gut. Weniger Freunde für uns. Mit denen man teilen muss. *Sieht sich um:* Dann lass uns mal die Sachen wieder reinbringen, damit nichts davon verdirbt. Wir brauchen es ja noch! Für unser Theater vom Wirtshaus im Spessart! Du machst dann gleich das Schild am Haus fest! Mann, das wird gut! Komm, hilf tragen! *Hebt das Ende der Bank hoch.*

Beide räumen alles von der Bühne. Als die Bühne leer ist:

Haasin *schlurft zu ihrem Platz:* O Mann, was hab ich für einen Mist geträumt!

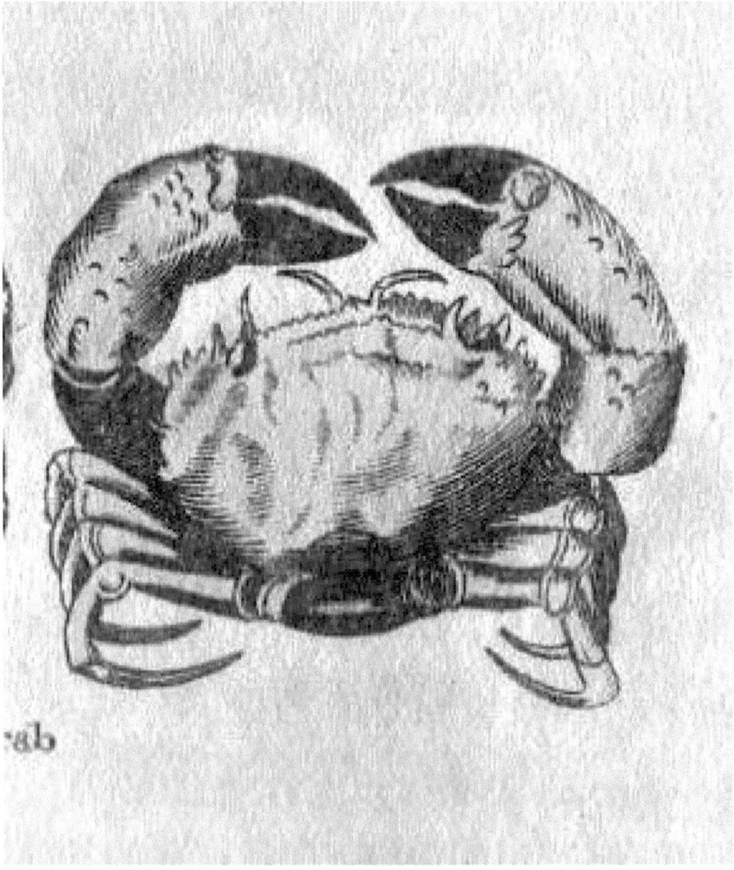

Aus: A natural History translatet from the French by William Smellie, um 1820

Szene 5 Hänsel und Gretel

Haasin *gähnend:* So, jetzt bin ich so gut wie ausgeschlafen. Mal sehen, an was ich mich noch wirklich erinnere. Aber halt, leerer Bauch studiert nicht gern. *Schlurft zurück von der Bühne und kommt mit einem belegten Brot und einem großen Becher zurück.* So de la, jetzt kanns losgehen.

Nimmt sich Schreibzeug und überlegt: Es war einmal ein armer Holzfäller, der hatte zwei Kinder mit seiner Frau, aber die Frau starb ihm und er nahm sich eine neue Frau ins Haus, die den Kindern nicht hold war. *Stockt:* Komisch, die Stiefmütter, immer die Stiefmütter. Also so was! Aber weiter im Text.

Eines Tages liefen die beiden Kinder, Hänsel und Gretel, die beide sehr böse waren, in den Wald davon, schubsten dort eine alte Frau in den Ofen, in dem die immer leckere Lebkuchen gebacken und an Kinder zu Weihnachten verschenkt hatte, und raubten alle Schätze, die die gute Alte im Haus gehabt hatte. *Stockt:* Ne, also wieder so merkwürdig. Irgendwie komisch. War das wirklich so?

Eines Tages kam die Schwester des armen Mordopfers zu dem Haus der Eltern von Hänsel und Gretel. Diese Schwester aber war eine Hexe.

Hexe *guckt um die Ecke:* Jetzt bin ich aber dran? *Betritt die Bühne mit stolzgeschwellter Brust.* So, jetzt will ich da aber mal ein paar Sachen klarstellen, von wegen böse

Hexe und so! Jaha, jetzt komme ich! Passt ja auf, dass ihr mir nicht in die Quere kommt!

Haasin: Sie klopfte an.

Hexe *klopft an.*

Haasin: Der Vater öffnete die Tür und erschrak.

Vater *öffnet die Tür und erschrickt.* O Mann, was habe ich mich erschrocken!

Haasin: Ne, ne, das stimmt so nicht! Glaube ich. Aber wie war das nochmal? Also nochmal von vorne. *Zerknüllt den Zettel und wirft ihn zu Boden.*

Hexe und Vater *verrenken sich, als ob sie zerknüllt worden wären und fallen zu Boden.*

Hexe *hält sich das Kreuz:* Aua, kann die nicht aufpassen.

Vater: Ist die Irre da jetzt völlig wahnsinnig geworden? Aua!

Haasin: Also, zuerst war die Hexe noch gar nicht da.

Hexe *schwankt unter Schmerzen zurück zum Anfang.*

Vater *wankt zurück hinter die Tür, schließt sie.*

Haasin: Also, die Hexe kam zum Haus des Vaters von Hänsel und Gretel.

Hexe *kommt humpelnd.*

Haasin: Die Hexe klopfte heftig an die Tür.

Hexe *klopft vorsichtig.* Das mit dem heftig kann die grade vergessen, mir tut noch jeder Knochen im Leibe weh von eben.

Vater *guckt vorsichtig vor die Tür:* Wahrscheinlich hat die gar keine Ahnung davon, was sie mit sowas anrichten kann. Einfach den Zettel, auf dem sie über uns schreibt, zusammenzuknüllen. Lebensgefährlich ist sowas! Wenn die nicht aufpasst, falte ich die mal zusammen aber so richtig.

Haasin: Und dann, ... und dann....

Hexe: Schön, wenn das für uns genauso leicht ginge.

Vater: Für Sie als Hexe sollte das doch leicht sein? So ein kleiner Schadenszauber? Ein klitzekleiner?

Hexe: Das ist ja der Mist, dass das alles nur hier bei uns funktioniert. In der realen Welt gibt es angeblich gar keine Hexen, habe ich gehört. Und die dort drüben glauben tatsächlich, dass wir Hexen immer böse sind. Nur weil wir manchmal kleine Kinder verzehren. Aber so ist das halt, wenn man so einen empfindlichen Magen hat wie ich. Muss man deshalb vor aller Welt als Monster hingestellt werden? Da ist doch nicht fair!

Haasin *überlegt.*

Irina: *kommt zurück, redet mit sich selbst:* So, Mikrowelle läuft. *Legt sich auf das Möbelstück.*

Vater: Naja, kleine Kinder fressen ist ja....

Irina *zu sich selbst*: Hänsel und Gretel wäre in neu auch mal toll.

Hexe: VERZEHREN! NICHT FRESSEN! VERZEHREN! Fressen klingt ja geradezu unanständig. Ich fresse doch keine kleinen Kinder? Verzehren, zart gedünstet mit einer pikanten Sauce und an allerhand feinen Gemüsen. Mit Rosmarinkartöffelchen. Elegant angerichtet. Auf gutem Porzellan, vorgelegt mit Vorlegebesteck. So macht man das. Aber fressen? Was für eine unkultivierte Ausdrucksweise??? VERZEHREN, NICHT FRESSEN; VERSTANDEN?????

Vater: Äh, für die Kinder macht das wohl nicht so sehr den riesigen Unterschied.

Haasin: Ah, ich hab's: Die Hexe sagte: ...

Hexe *steht mit offenem sprechbereitem Mund vor der Tür, aber sie kann nichts sagen. Wartet ab, sieht dann mit offenem Mund zur Haasin, die noch überlegt. Dreht sich zurück und wartet mit offenem Mund mehrere Sekunden weiter.*

Haasin: Sie sagte laut und bestimmt: Guten Abend.

Irina: Ich fände es viel besser, wenn....

Hexe: Pfui Teufel, der ganze Mund ist trocken vom langen Offenstehen. Guten Abend!

Haasin: Der Vater öffnete die Tür.

Vater *guckt verdutzt, schließt die Tür, öffnet sie wieder.*

Haasin: Er sagte: Ebenfalls einen guten Abend. Kann ich behilflich sein?

Vater *fast zeitgleich mit der Haasin, leicht später als sie:* Ebenfalls einen guten Abend! Kann ich behilflich sein?

Hexe: Ist das das Haus von Hänsel und Gretel?

Vater: Hänsel und Gretel? Nein.

Hexe *erstaunt:* Nicht? *Tritt ein paar Schritte zurück, betrachtet das Haus sehr genau:* Ich hätte schwören können, dass das Haus von Hänsel und Gretel ist. Dann entschuldigen Sie die Störung. *Humpelt weg.*

Haasin *verzweifelt:* Ich könnte wetten, dass das so auch nicht stimmt.

Irina *feixt*: Wäre viel geiler so, wenn zum Beispiel die Hexe gar keine Hexe wäre oder so!!!!

Hexe *im Weggehen:* Ich verfluche alle, die... Nanu, wo sind denn Hexenkräfte? Ich kann ja gar nicht mehr hexen? *Heult auf:* Was soll das? Ich bin nutzlos! *Schnell weinend ab.*

Irina: Und wenn die Hexe gar kein Haus hätte, wegen der Immobilienkriese oder so.

Vater *sieht der Hexe kopfschüttelnd nach. Als sie außer Sichtweite ist:* Ich glaube, ich muss den beiden mal den Marsch blasen. Jetzt erzählen die schon rum, dass das Haus ihnen gehört. Nix da! Noch lebe ich, noch ist das meins. Ja klar: Das Haus von Hänsel und Gretel. Sowas Freches. Und damit schleppen die mir so komische Leute vors Haus. Bestimmt eine Maklerin, die Häuser billig kauft, um von der Immobilienkrise zu profitieren. Aber nicht mit mir, Freundchen, garantiert nicht mit mir! Das ist und bleibt mein Haus. *Dreht sich um Richtung Tür, brüllt:* Hänsel? Gretel? Ich habe dringend mit euch zu reden! Spinnt's euch jetzt komplett? *Stürmt ins Haus. Tür zu.*

Haasin: Aber das wird ja alles vollkommener Mist? Immobilienkrise? Was soll das denn sein? Ich mache lieber eine sehr lange Pause. Das klappt ja gar nicht heute! Ich muss erstmal was Richtiges essen. *Ab*

Ein entfernter Mikrowellenton.

Irina *steht auf*: Ah, die Mikrowelle ist fertig! Ich habe damit fürs Erste gekocht. Aber jetzt erstmal sehen, ob der Fertigfraß was taugt. Jedenfalls ist morgen ja hiermit wieder Jasmin dran, oder Papa. Oder Mäcdoof oder ein Dönerladen. Jedenfalls nicht ich. *Pause.* O Mann, hätte ich so gerne einen Prinz als Mann, der mich auf den Händen trägt und mir jeden Wunsch von den Augen abliest. Er der Prinz, ich die Chefin. So wie der eine da, der tapfere Schneider, oder wie der hieß. Der hat doch auch ein halbes Königreich bekommen und die Prinzessin und so. Moment, wie ging das Märchen nochmal? Ach, die Mikrowelle! *Ab.*

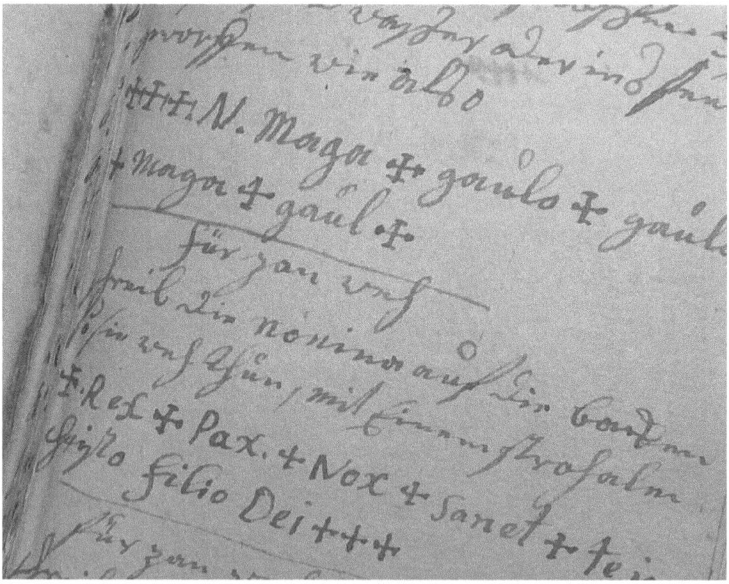

Seite aus einem Zauberbuch des 18. Jahrhunderts

Szene 6: Der tapfere Schneiderhase

Der Schneider mit Schlafmütze und darüber einer Krone auf dem Kopf und im Bademantel oder Schlafkleidung tritt auf, setzt sich missmutig auf einem Stuhl und schlägt hin und wieder nach einer imaginären Fliege, die er aber nicht trifft. Er würde aber auch keine echte treffen, so wie er schlägt.

Irgendwann steht er auf, geht hinaus und kommt mit einer Kiste mit einem Stein und einem Stück Käse darin zurück, setzt sich wieder.

Starrt auf den Käse und den Stein, nimmt sie vorsichtig aus der Dose, stellt die Dose dabei auf den Boden.

Was für ein Pech. Mein Käse und mein Stein, an was für tolle Zeiten erinnert ihr mich. Mehr als alles Gold, das ich jetzt habe. Da bringe ich Riesen dazu, sich gegenseitig zu erschlagen, fange ein Einhorn, sperre einen wilden Eber ein und bringe meinen Schwiegervater, den König, dazu, mich nicht umbringen zu lassen. Held oder nicht Held, das ist hier die Frage. Was bin ich denn nun? *Sieht sich ratlos um.* Und wofür das alles? Wofür?????

Für eine völlig bekloppte Prinzessin, die auch meint, dass ich ihrer nicht wert bin, weil ich nur ein armer Schneider war; genau wie ihr Vater, der mich auch für einen Emporkömmling und Aufschneider hält. Schneider stimmt ja, aber kein Aufschneider. Nein, das bin ich nicht! Nie gewesen! Ich war kein großer Held im Leben, zumindest früher nicht. Und trotzdem habe ich sieben auf einen Streich erschlagen! Jawoll! *Springt auf.* Sieben auf einen Streich! Zwar nur Fliegen, aber sieben! Sieben Fliegen! Der Fliegen sieben! Das sollen die mir erstmal nachmachen. Und den ganzen Rest, den habe ich auch geschafft, alleine, nur mit meinem Köpfchen! Die Riesen habe ich wegen diesem Käse und diesem Stein durch ihre Dummheit sich gegenseitig erschlagen lassen, das Einhorn gegen den Baum gelockt, in dem sein Horn steckengeblieben ist und den Eber in die verlassene Kapelle gelockt und dort gefangen. Und sieben Fliegen auf einen Streich erwischt! Auf meinem Marmeladenbrot. Sieben Stück! Mit einem Schlag! Der König und meine liebe Frau würden ja noch nicht mal eine einzige Fliege erwischen! *Legt den Käse und den Stein wieder in die Dose. Rennt von der Bühne, holt seinen Gürtel mit dem Spruch darauf:* Hier ist er! Sieben auf einen Streich! Haha! *Legt den Gürtel an.* Das ist mein Leben, der Sieg über sieben, und über Riesen und Eber und Einhörner! Ich bin hier im Palast der einzige Held! Ich! Der Tapferste der Tapferen! Ich!

Ruf einer Frauenstimme *von draußen:* Hase, musst du so brüllen? Es ist mitten in der Nacht und du musst morgen früh raus, regieren! Komm wieder ins Bett und bring dir deinen Kamillentee mit, ich will auch was davon. Und lass die Krone ruhig da draußen, die pikst so im Bett. Und dann... *brüllt...* halt endlich die Klappe und lass mich zur Ruhe kommen! Das ganze Reden mit den Hofdamen und das Schäfchen mit Schleifen schmücken war so anstrengend, ich muss jetzt schlafen! Du hast ja überhaupt keine Ahnung davon, wie anstrengend so was ist! Verstanden? Jetzt sie zu, dass du in die Gänge kommst und mach dich her!

Schneider: Jawohl, mein Schmetterling, ich komme, mein Schnurzelchen. *Seufzt.* Das habe ich dann davon: König über ein halbes Königreich, immer gut zu essen, ein Dach über dem Kopf und trotzdem...

schlurft ab...

...irgendwie wars vorher schöner. So mit Einhörnern und Riesen und Ebern. Spannender halt. Aber was tut man nicht alles für die... *seufzt sehr, sehr tief....* Liebe. *Verschwindet von der Bühne.*

Die Frauenstimme *brüllt:* Und bring heißen Kamillentee, Hase! Hast du gehört? *Pause* Hase? *Pause* Hast du gehört? *Pause* Haaaaase!!!!!!!

Stimme des Schneiders *von außerhalb der Bühne:* Ja Schnurzelpurzel, heißer Kamillentee. Ich hab es gehört. Ich bin gleich da. *Pause.* Nanu, woher kommen denn all die Fliegen in der Küche? *Ein Klatschen.*

Licht aus.

Pause

Szene 7: Frau Holle und der Klimawandel

Haasin: Ich bin so wirr, nein nein nein! Ich schreibe hier nur blöden Mist zusammen. Die Herren Grimm werden sich herzlich bedanken, wenn ich denen sowas abliefere. Johanna, streng dich an! Konzentriere dich! *Atmet tief durch.* Also gut. Was kenne ich noch? Moment, erst noch ein Schluck Bier. *Trinkt aus dem Becher.* Also, nochmal. Da war noch... da war noch... da war noch... Ah ja, Frau Holle! Natürlich! Das ist doch so ein schönes Märchen, mit Kindern und einer lieben alten Dame! Das gefällt. Moment.

Frau Holle *von tritt auf, wartet ab, was da jetzt wohl kommt. In der Tür zur Umkleide stehen andere Märchenfiguren und bedeuten ihr ihre Anteilnahme, weil alle das größte Chaos befürchten. Frau Holle ist offensichtlich nicht wohl.*

Haasin: Also, ... *beginnt zu schreiben:* ... Es war einmal ein Mann, dem war die Frau gestorben und er hatte nur noch eine Tochter, Marie. Da heiratete er eine andere Frau, die hatte auch eine Tochter Marie.

Alle anderen ziehen sich zurück, nachdem Sie Frau Holle gezeigt haben, dass sie ihr die Daumen drücken.

Frau Holle: Ja ja, die beiden Maries, ich weiß, und beide sind weg; die eine hat ja was getaugt, aber die andere, ich sage euch, wenn man mit Faulheit Geld verdienen könnte, wäre sie Milliardärin. So was von... faul. Da gibt es nichts zu beschönigen.

Haasin: Und... Moment, die eine Tochter hat Garn gesponnen und das in den Brunnen geworfen und ist dann weggelaufen oder so? *Überlegt. Sie sieht auf keinen Fall Frau Holle, hört sie auch nicht!*

Frau Holle: Naja, nicht so ganz. Sie hat das Garn blutig gemacht und wollte es waschen und es fiel ihr in den Brunnen. Und da hat sich das arme Kind aus Angst vor ihrer Stiefmutter selbst getötet und im Brunnen ertränkt. Und als Kind, das sündlos war bis auf die Erbsünde, kam sie dann zu mir und nicht in die Hölle, aber eben auch nicht in den Himmel. Und ich belohnte sie für ihren Fleiß und ließ sie zurückkehren. Die Goldmarie.

Haasin: Ne, das bekomme ich nicht so richtig zusammen. Also erstmal die zweite Tochter, die kam auch zu dieser alten dummen Frau, die dauernd Betten ausschüttelt, damit es auf der Erde schneit.

Frau Holle: Ich alte dumme Frau? Ich komme ihr gleich da rüber! Sowas! Wenn ich nur dürfte und könnte, wie ich wollte! Nun gut, sie weiß es ja wirklich nicht besser.

Haasin: Und die zweite Tochter kam wieder heim. Die erste mit Gold, glaube ich, und die zweite mit nichts. Die hatte, glaube ich, irgendwie Pech.

Frau Holle: Jaja, die hatte Pech. Mit Pech wurde sie überschüttet, so wie ihre Schwester mit Gold. Was schmeißt die da alles durcheinander? Kennt denn heute niemand mehr unsere Geschichten und Märchen? Eine Schande! Bald sind wir alle ganz vergessen.

Haasin: Ich komme noch drauf. *Holt sich ein Buch und blättert darin herum.*

Frau Holle: Jetzt ist die zweite Marie auch wieder weg, und ich darf alles wieder alleine machen. Erst die erste Marie, die Goldmarie; das ist ein gutes Mädchen. Aber die jetzt, die Pechmarie? Nein, die konnte ich ja eh nicht gebrauchen. Was für ein Glück, dass sie weg ist. Da kümmere ich mich doch lieber wieder selbst um alles, was gemacht werden muss, und bin mir sicher, dass es richtig gemacht wurde, und bei der Pechmarie noch wichtiger: Dass es überhaupt getan wurde. In all meinen Jahrhunderten habe ich so etwas Faules wie dieses Kind noch nie gesehen. Nein nein nein, bald macht es keinen Spaß mehr. Ich sollte mich zur Ruhe setzen.

Haasin: Mist, hier steht es noch gar nicht drin. Wenn ich doch nur eine Ausgabe von Grimms Märchen hätte. Achso, das wollen die beiden ja erst schreiben! Ich bin verwirrt. *Bringt das Buch während des Monologs von Frau Holle zurück und kehrt zu ihrer Schreibarbeit zurück. Überlegt, solange Frau Holle spricht.*

Frau Holle: Ich weiß eigentlich gar nicht, was die Menschen von mir wollen. Um Weihnachten herum kann ich gar nicht genug Betten ausschütteln; und wenn ich dann mal zum ersten April ein bisschen Schnee schicke, dann stehen sie auf der Straße und schimpfen, dass sie mich nicht gerufen haben, mich dumme Kuh. Ich solle jetzt Ruhe geben. Unfassbar sowas. Mir alter Frau sowas zu sagen. Ich bin jetzt so alt, war lange Zeit Totengöttin als Frau Hel bei den Germanen und jetzt die liebe Frau Holle; im Hohen Meißner muss ich noch die

Kinder in meinem Teich von den Seerosen ans Licht heben lassen und das alles in meinem Alter. Das sollen die mir erstmal nachmachen, wenn die in ein paar Jahrtausenden so alt sind wie ich jetzt! Undankbare Brut! Aber die werden schon sehen, was sie davon haben! Ich bin jetzt so alt und mich kennt eh schon fast keiner mehr, da kann ich es auch sein lassen mit dem Schnee. Die Menschen machen es sich ja ohnehin immer wärmer auf ihrer Erde, da werden sie meine Kissenschüttelei bald nicht mehr verlangen können. Ätsch! Pech gehabt! Selbst schuld! Macht so weiter, und es schneit bald gar nicht mehr. Dann habe ich meine Ruhe und ihr könnt ja Kunstschnee machen, künstlichen. Ihr Menschen macht doch alles künstlich nach, wofür soll ich mich dann noch anstrengen? Ihr wisst ja sowieso, dass es mich angeblich gar nicht gibt. Dann macht euren Mist doch ohne mich! Ich brauche euch nicht. Nie! Macht weiter so mit eurer Atmosphäre da unten und ich kann endlich in Rente gehen. Die Kinder im Meißner, die hebe ich vielleicht noch, aber auch da meinen die ja, dass sie das besser ohne mich können. Viel Spaß dabei!

Hebt das Kissen auf.

Und jetzt sehe ich zu, dass ich der da entkomme, bevor die noch mehr Chaos anrichtet. Ach, könnte ich nur wie ich wollte! Hexen müsste man können. Das wäre so wunderbar angesichts dieser genialen Autorin da drüben! Hexen können. Was für ein Traum! Hexen!

Ob die Hexe doch recht hatte? Dass ich zu sehr auf Regeln setze und dass Regeln alleine die Menschen gar nicht glücklich machen? Merkwürdiger Gedanke. Auf gute Taten muss Belohnung folgen, und auf schlechte die Strafe auf den Fuß folgen. Und zwar eine richtige Strafe, eine, die man merkt. So war es immer und so muss es bleiben. Wo käme die Welt sonst hin.

Will gehen, wird aber langsamer:

Oder vielleicht doch nicht? Eine Welt ohne starre Regeln, was für ein merkwürdiger Gedanke. Ob das sein könnte? Naja, ich bin zwar alt, sehr alt nach menschlichem Denken, aber doch noch jung genug, um gespannt zu sein, ob es auch anders gehen kann. Wer weiß? Wir werden sehen. Zumindest, solange die Haasin da hinten mich nicht vorher den Wahnsinn treibt mit ihrem wirren Geschreibsel. Und jetzt brauche ich Ruhe. Und Sicherheit vor der Irren da.

Schnell ab, sich immer wieder nach der Haasin umsehend.

Haasin: Komisch, auf einmal ist mein Kopf völlig leer. Nichts mehr da über die Frau Holle. Alles weg. Wie merkwürdig.

Hebt ihr Blatt prüfend hoch. Man erkennt, dass fast nichts draufsteht, und das, was dastand, ist durchgestrichen.

Haasin: Und bald stehen die beiden bei mir vor der Tür, und was dann? Was mache ich nur? Ich gehe erstmal Bier holen. Am besten gleich da drüben, in der Roten Krabbe. *Verzweifelt mit einer Bierkanne ab.*

Szene 8: Die hundertste Nacht der Prinzessin auf der Erbse

Jasmin: O Mann, meine Tochter, bitte versprich mir nach diesem Essen unbedingt eine Sache!

Uwe: Ich denke, ich weiß was du meinst.

Irina: Ich soll Köchin werden, stimmts? Unbedingt. Damit der Welt diese Genüsse nicht entgehen.

Jasmin und **Uwe** *einstimmig:* Nein! Keinesfalls!

Uwe: Wie hast du diesen ekligen Mikrowellenfraß nur komplett runterbekommen? Ich fürchte, mir kommt er gleich komplett wieder hoch!

Jasmin: War die Packung schon sehr lange abgelaufen oder besteht keine akute Lebensgefahr für uns alle?

Irina: Ihr wolltet ja unbedingt, dass ich für uns koche. Ich habe euch ja nun wirklich nicht dazu gezwungen. Oder etwa doch?

Uwe: Ich weiß schon, das sollte uns für alle Zeiten davon überzeugen, dir nie wieder so eine wichtige Aufgabe zu übertragen, da es lebensgefährlich werden könnte.

Jasmin: Aber, liebste Tochter, das ist schiefgegangen. Nachdem wir nun wissen, wie schlecht du kochst, sind wir beide uns einig.

Uwe: Mikrowellenfertigkartoffeln mit Erbsen aus der Dose und einer Scheibe Jagdwurst ist ja nicht wirklich ein vollwertiges Essen! Du wirst es halt einfach öfter versuchen...

Irina *brüllt:* Aber ganz sicher nicht, Papa! Niemals! Seid ihr völlig bekloppt? Die Erbsen waren lecker!

Jasmin: ... bis du es halt kannst.

Irina: Das könnt ihr sowas von vergessen! Ich bin doch nicht eure Sklavin! Ich koche nur noch Erbsen! O Mann Papa! Du bist doch völlig weich in der Birne! Erbsenweich!

Uwe: Ja, meine Tochter. Sicher. Und du lernst kochen! Sonst brauchst du hinterher einen Mann, der für dich kocht, damit du nicht verhungerst! So weit kommts noch! Du wirst schön selbstständig!

Alle drei ab.

Königin *rauscht empört herein:* Erbsen! Immer nur Erbsen! Ins Bett! Nur so aus Spaß und Angeberei!

Koch *mit Verbeugung:* Welche Überraschung! Königliche Hoheit in der Küche!

Magd *knickst ungelenk:* Königliche Hoheit, wie unerwartet! *Die **Königin** ignoriert sie.*

Magd: Immer nur eine einzige Erbse ist es ja.

Königin: Aber jeden Abend eine neue! Eine neue Erbse! Sie merkt, ob sie schon abgelegen wurde, am letzten Abend! So empfindlich ist das Madamchen! Ist ja eine sooooo echte Prinzessin!

Magd: Vielleicht ist sie als Prinzessin ja wirklich so...

Königin: Wirst du den dummen Mund halten! Als ich jung war, war ich ja auch nicht sofort Königin, sondern wohl was??? Was war ich wohl???

Koch: Auch eine Prinzessin, Hoheit.

Königin: Eben! Eine Prinzessin! Mindestens genauso echt wie das verzogene Miststück da oben, die allen auf die Nerven geht! Nur dass ich mich auch noch benehmen konnte wie ein Prinzessin! Man stelle sich vor, ich wäre meinem Vater, dem König, mit solchen Ferz angekommen und hätte jeden Abend eine Erbse unter hundert Matratzen gewollt! Dann hätte ich mir ja gleich eine ... eine... von mir aus eine goldene Kugel wünschen können, die ich dann, dumm wie Brot, im nächstbesten Brunnen hätte versenken können, bis mir vielleicht ein Diener oder am besten irgend so ein dämlicher Frosch sie wieder rausangelt! Was für ein himmelschreiender Blödsinn! Mein Vater hätte mir was erzählt! Erbsen im Bett! Rohe Erbsen!

Koch: Ihr habt recht, Hoheit. Allmählich wird es doch albern, oder nicht?

Königin: Jetzt nimm die Erbse und koch sie! Noch so eine Nacht halte ich nicht aus!

Koch: Kochen? Die Erbse? Nur eine?

Königin: Natürlich nicht nur eine! Koch Erbsen zum Abendessen und eine davon kommt unter die Matratze.

Koch: Sehr wohl, Hoheit.

Königin: Mal sehen, ob sie auch spürt, wenn sie eine gekochte Erbse platt liegt.

Magd: Und ich kann dauernd wieder die Flecken raus kriegen. Aus Matratzen. Schöne Sauerei.

Königin: O, ich sage euch, wenn mein Herr Sohn irgendwann mal wieder mit so einem verzogenen Früchtchen ankommt und sie heiraten will...

Magd: Aber er ist doch schon verheiratet? Wie soll er denn dann noch eine Frau aussuchen?

Königin: Wenn die so weiter macht, dann sorge ich dafür, dass mein Sohn Bedarf an einer neuen Frau hat. Nach der angemessenen Trauerzeit. So zwei bis drei Stunden Trauerzeit. Ich sage euch, ich bin bald so weit!

Prinz *kommt fröhlich in die Küche:* Wie weit seid Ihr, Mutter?

Magd *versucht einen Knicks:* O, Hoheit!

König *folgt seinem Sohn:* Es riecht hier nach Essen? Abendessen?

Prinz: Ach stimmt, Erbsen kann man ja auch essen. Nicht nur ins Bett stecken.

Magd *zweiter Knicksversuch:* O, Majestät!

Koch *deutet einen Diener an:* Königliche Majestät, königliche Hoheit!

Prinzessin *stürmt herein:* Meine Erbse! Meine heutige Erbse! Wo ist sie? Ich muss sie sehen? Ist sie schon ausgesucht worden? Ich muss sie sehen! Jetzt! Meine einhundertste Erbse!

Prinz: Ja, meine Liebe! *Zum Koch:* Schnell, die Erbsen her! Meine Frau will auswählen!

Koch: Sehr wohl, Hoheit! *Zur Magd:* Schnell, mach hin! Die Erbsen her!

Magd: Ich glaube, die sind schon auf dem Herd. Ich kann da ja jetzt keine aus dem heißen Wasser herausziehen. Wir müssen warten, bis sie weich sind und dann kalt werden lassen.

Prinzessin: Wie? Was soll das heißen? Gekochte Erbsen? Wohin sollen die? Doch wohl nicht unter meine Matratze?

Königin: Also, meine Liebe, als ich noch jung war, da habe ich mich in einer Nacht auf einer gekochten Erbse unter hundert Matratzen so unerträglich wund gelegen, dass es nicht zum Aushalten war. Für eine echte Prinzessin sollte das ein Leichtes sein.

König: Na, das wüsste ich aber! Du konntest früher auf Kies und Baumstämmen schlafen, ohne dass du wund geworden wärest. Nichts hat dich geweckt.

Prinz: Im Grunde genommen ist mir das auch herzlich egal. Ich will nur, dass du glücklich bist, meine Liebe, und wenn du dafür eine Erbse im Bett brauchst, dann soll das so sein. Ich spüre nichts davon, ich mache mir nur Sorgen, dass wir irgendwann mal im Schlaf von dem Matratzenberg hinunterrollen und uns den Hals brechen. Sonst eigentlich nichts.

Prinzessin: Das ist alles? Ich hatte mir solche Sorgen gemacht, dass du mich nicht willst, wenn ich nicht so empfindlich bin. Was bin ich beruhigt. Du musst nämlich wissen, ich habe das alles nur gespielt.

König *sehr ironisch*: Ach was, was du nicht sagst, Schwiegertöchterchen? Ist das denn wohl wahr?

Königin: Sollte sie wirklich gedacht haben, wir hier sind alle so doof, auf dieses Märchen hereinzufallen? Das kann die doch nicht ernstmeinen! Wer wäre denn so bescheuert?

Prinzessin *völlig verliebt:* Dann also nur noch eine Matratze und keine Erbse mehr?

Prinz *ebenso verliebt:* Doch, heute zum Abendessen! Koch?

Koch: Hoheiten?

Prinz: Heute Abend ein leckeres Erbsengericht! Ich freue mich drauf!

Magd *leise zum Koch:* Ich hatte mich geirrt, es sind keine Erbsen auf dem Herd.

Königin: Ich lasse die Diener die Matratzen wegräumen. Es wird ja auch höchste Zeit!

König: Äh, Frau, ich widerspreche nur ungerne, aber...

Prinz: Keine Sorge, Mutter, um die Matratzen kümmern wir uns höchstpersönlich! Ich möchte nicht dabei gestört werden!

Prinzessin: Wir haben ja noch so lange Zeit bis zum Abendessen!

Beide höchstvergnügt ab.

König: Ich denke, das bekommen die beiden perfekt alleine hin. Immerhin müssen sie einhundert Nächte nachholen, mit großer Sorge vor einem hohen Matratzenturm.

Königin: Unfassbar, hundert Tage so ein Affentheater und eine Märchenstunde nach der anderen. Musste das tatsächlich sein?

Koch *zur Magd:* Die beschweren sich, dabei hatten wir die ganze Last damit.

Magd: Und die ganze Dienerschaft. Was hatten die eine Zusatzarbeit damit. Jeden Tag die Matratzen lüften und das Bett räumen, damit die neue Erbse drunter platziert werden konnte, immer exakt in der Mitte.

Koch: Also ans Werk, einen Erbsenauflauf für heute Abend.

Magd *geht in die Speisekammer.*

Königin: Dann ist ja alles geregelt. Wir ziehen uns zurück, nicht wahr? *Reicht dem König die Hand, der sie wegführt.*

König: Mit dem größten Vergnügen.

Magd *kommt verstohlen zurück zum Koch:* Maître, die Erbsen....

Koch: Ja, wo sind sie?

Magd: Ich fürchte, die Erbsen sind aus. Alle weg.

Königin: Was für ein Chaos! *Mit dem König ab.*

Koch zur Magd: Das kann doch nicht sein! Los, lass uns suchen! *Beide ab in die Speisekammer.*

Szene 9: Das Anderse Märchen

Irina: ich koche euch nur noch Erbsen, bis ich nicht mehr kochen muss. Davon träume ich, nicht mehr kochen zu müssen. Von einem Palast, mit viel Personal, das mir alle Wünsche sofort erfüllt. Ein Leben wie im Märchen.

Jasmin: Doch doch, klar. Na, was für Märchen kennst du denn noch, um davon träumen zu können? Kennst du Andersen, Hauff, Tausend und eine Nacht?

Irina: Was für Dinger? Welche anderen Märchen?

Jasmin: Andersen: Das Mädchen mit den Schwefelhölzern, das hässliche Entlein, die Schneekönigin, die Blumen der kleinen Ida, die Galoschen des Glücks, ...

Irina: Nö, kenne ich nicht.

Jasmin: Den standhaften Zinnsoldat?

Irina: War das das mit der Papiertänzerin, die der Zinnsoldat so anhimmelt, bis er verloren geht?

Jasmin: Wow, genau das ist es. Und? Willst du auch eine wunderschöne Ballerina aus Papier sein und von deinem Verehrer angehimmelt werden?

Irina: Weiß nicht. Mal sehen.

Jasmin: Dann träum mal schön davon. Ich sehe nachher nochmal nach dir. Ist ja schon spät. Willst du noch was essen?

Irina: Nö, ich will jetzt mal ein bisschen schlafen.

Jasmin: Dann träum schön, meine Schöne.

Irina: Gute Nacht! *Schläft ein.*

Szene 9a Die standhafte Zinnsoldätin

Die Ballerina *tritt im weißen Tanzkleid auf, schreitet langsam über die Bühne. Alle Bewegungen sind gebrochen elegant, man merkt ihre Trauer.*

Ach, mein Soldat. Mein armer, armer Zinnsoldat. Wo bist du nur?

Sieht sich suchend um.

Da drüben hast du gestanden und hast mich angesehen, und ich habe so getan, als würde ich dich nicht sehen. Ich habe mir gedacht, dass es mich attraktiver machen würde, mich rar zu machen und dich auf Abstand zu halten. Ich habe gedacht, Papier besteht und altert nicht, Zinn besteht und altert nicht. Alle haben mir gesagt, dass das so ist; selbst die Ledertapete sagte mir: Vergoldung vergeht, aber Schweinsleder besteht. Und? Ich wurde mit dem ganzen Papiertheater verkauft in ein anderes Haus und zu einem anderen Kind, das nicht mit mir spielen wollte. Ich wurde mit dem ganzen Papiertheater auf den Speicher gestellt und warte jetzt nur noch auf die Mäuse, die mich annagen werden; oder auf den Sturm, der einen Dachziegel verschieben wird, so dass es hereinregnet und der Regen mich durchnässt und verdirbt. Du bist in den Bodendielen verschwunden und unser altes Haus ist abgerissen worden; sogar die Ledertapete vermodert jetzt auf dem Acker, der jetzt da ist, wo unser Haus einmal gestanden hat. Und auch mein Papier vergilbt und ist an so vielen Stellen eingerissen. Alles altert, alles vergeht, nur nicht die schmerzlichen Erinnerungen.

Sie seufzt tief, betrachtet ihr Kleid und wischt sich Tränen aus den Augenwinkeln.

Nichts ist mehr so, wie es einmal war. Ich habe alles verloren. Außer meinen Erinnerungen an dich und an das Zimmer, in dem wir zusammen unglücklich glücklich waren.

Sie geht umher und findet eine Truhe, in der alte Kleider sind. Sie zieht eine Uniformjacke hervor.

Sieh an, das ist eine Jacke wie die von meinem Zinnsoldaten. Die Schöße, die Farben, alles genau wie bei ihm.

Riecht mit geschlossenen Augen an der Jacke.

Sie hat keinen Geruch, so wie du, mein Zinnsoldat. Aber kalt ist sie, so wie dein Metall.

Sie zieht die Uniformjacke an, schmiegt sich hinein.

Ja, so ist das gut. So ist es doch, als hieltest du mich in deinen Armen. Wäre ich doch nicht so ferngeblieben!

Sie beginnt leise einen Walzer zu summen, wird lauter, bestimmter, schließt die Augen, nimmt Tanzhaltung an und beginnt langsam über die Bühne zu tanzen; dann schneller, so schnell sie kann. Nach einer Weile wird sie langsamer, summt wieder, bis sie stehenbleibt, sich aus der Tanzhaltung löst und endlich den Walzer leise verklingen lässt. Die Melodie muss vollständig zu hören sein, sie darf nicht unvollständig bleiben.

Leise lächelnd öffnet sie wieder die Augen, verbeugt sich wie zum Dank vor einem Tanzpartner:

Ich danke dir!

Man hört ein Rascheln wie von Mäusen.

Die Ballerina hört hin, lächelt.

Hörst du? Sie kommen. Die kleinen nagenden Mäuse kommen. Wer weiß, vielleicht bin ich schon bald bei dir. Wer weiß das schon?

Sie überlegt.

Hm, wenn ich so aufrecht stehe, werden sie es vielleicht nicht wagen.

Sie legt sich auf den Boden, rollt sich zusammen.

Wer weiß, Geliebter? Wer weiß das schon?

Licht aus, Pause von etwa einer Minute. Mäuserascheln, das sich verliert.

Irina schreit leise im Schlaf. Die Tänzerin eilt von der Bühne, im Dunkeln, möglichst unbemerkt. Licht auf Irina an.

Irina erhebt sich leicht, sieht sich verschlafen im Raum um: Nanu, was war das denn für ein Traum?

Jasmin und Uwe kommen in Schlafkleidung herein:

Jasmin: Irina! Irina!

Uwe: Ist was passiert? Schatz, Kleine, was war denn? Du hast ja geschrien?

Jasmin: Schatz, du weinst ja? Was ist denn los?

Uwe: Hast du schlecht geträumt?

Irina: Ja, ja, alles ok. Ist nichts. Alles ok. Hier auf dem Sofa schläft es sich echt nicht so gut wie im Bett.

Uwe: Na dann aber dalli in die Kiste, da kannst du dich erholen. Was hast du denn geträumt, dass du so schreist? War es was sehr Schlimmes?

Irina: Nein, eigentlich war es sogar sehr schön. Eine märchenhafte Liebe. Die Tänzerin und der Zinnsoldat. Aber halt traurig. Aber irgendwie schön traurig.

Jasmin: Ja, sowas kann das Leben auch in Echt bereithalten.

Irina: Nur die Mäuse, die waren gruselig.

Uwe: Mäuse? Muss ich Fallen aufstellen?

Irina: Aber dann wird die Tänzerin doch nicht gefressen.

Uwe: Wie bitte?????

Jasmin: Kind, du redest sehr, sehr wirr. Ab ins Bett! Du wirst doch wohl nicht krank werden?

Die Eltern ziehen Irina von der Schlafgelegenheit und nehmen sie in die Mitte, führen sie hinaus.

Im Abgehen:

Uwe: Und ich stelle morgen Mäusefallen auf. Viele Mäusefallen. Sehr viele Mäusefallen. Sehr, sehr, sehr viele Mäusefallen. So richtig viele...

Jasmin: Ja Schatz, wir haben es verstanden. Du stellst morgen gaaaaaanz viele Mäusefallen in Irinas Zimmer auf, damit sie auch ja mit den Füßen in mindestens eine rein gerät. Super Idee.

Uwe: Da muss man halt ein bisschen aufpassen. Das kann doch nicht allen Ernstes zu viel verlangt sein. Augen auf und dann funktioniert auch das Überleben im eigenen Haushalt! Keine Sorge, das klappt schon.

Irina: Die arme Tänzerin.

Jasmin: Mein armes Kind.

Uwe: Das wird schon wieder. Glaub mir, morgen tanzt unsere Tänzerin uns wieder auf der Nase herum, ganz gesund.

Irina *grinst breit:* Das könnte ein. Aber jetzt will ich ins Bett.

Jasmin: Wir bringen dich.

Alle drei ab.

Haasin *kommt mit der Bierkanne in der Hand herein:* Wenigsten wieder Bier da. Aber das macht die Sache auch nicht besser. Ich habe immer noch keine Ahnung, was ich den Grimms da aufschreiben soll. Und die wollten ja am 23. kommen, die Texte abholen. Haben sie mir per Brief mitteilen lassen. *Holt den Brief hervor:* Vor einer Woche. Am Samstag letzter Woche, dem 16., da haben sie mir den Brief geschrieben. Da oben stehts. 16. *Liest vor:* „Wir werden die Ergebnisse Eures Schreibens und Erinnerns mit Hochachtung am kommenden Samstag, dem 23. des Monats, in Empfang nehmen. Bitte seid so freundlich, es dann für uns bereit zu halten."

Das heißt, ich habe nicht mehr viel Zeit. Die kommen nämlich... *reißt die Augen auf, als sie versteht:* <u>Heute</u>! Die beiden kommen <u>heute</u> vorbei, um die Märchen abzuholen! Das kann doch nicht wahr sein! Heute! Ach du meine Güte! Heute! Was mache ich nur?

Sieht entsetzt auf die verschmierten und durchgestrichenen Zettel, sucht, ob wenigstens <u>ein</u> brauchbarer dabei ist, findet aber keinen.

Haasin: Nein, das kann ich den Grimms niemals abgeben, nichts davon. Gar nichts! Was mache ich nur? Die werden sehr böse sein, die Herren! Die werden überall erzählen, wie faul ich bin!

Es klopft, zwei Männerstimmen: Haasin? Seid ihr da? Haasin?

Haasin: Mist, die beiden Grimms! *Versteckt sich unter dem Tisch. Leise zu sich:* Ich bin nicht da.

Grimm 1 und 2: Hallo! Haasin? Hallo! *Klopfen an Tür oder Fenster. Nach einer Weile:* 1.: Sie ist nicht da.

2: Naja, das habe ich mir ja gedacht, dass sie das nicht fertigbekommt.

1: Ne, die nicht.

2: Ich sag dir was, wir gehen jetzt zu der Viehmännin und zur Hasenpflugin und schreiben auf, was die zu erzählen haben. Mit der Haasin ist ja nichts anzufangen.

1: Was für ein Reinfall. Und darauf warten wir dann zwei Wochen lang. Auf genau nichts!

2: Unfassbar.

1: Nochmal passiert uns sowas nicht. Komm, wir gehen jetzt zu den Hugenotten hier in Kassel, die haben schöne Märchen aus Frankreich mitgebracht.

2: Aber wir wollten doch Geschichten der einfache Leute aus dem hessischen Volk?

1: Das kriegen wir bestimmt hin.

2.: Ja, es gibt doch überall ganz ähnliche Geschichten und Märchen. Charles Perraults „Le Petit Chaperon rouge“, also das kleine Mädchen mit dem roten Käppchen, das kommt dann zum Beispiel einfach aus der Schwalm. Merkt doch eh keiner.

1: Genau, das klappt schon. Aus der Viehmännin machen wir halt eine alte Bäuerin aus der Schwalm.

2: Hoffentlich erfährt die das nicht; die fällt sonst sofort tot um.

1: Das klappt schon.

Schritte. Pause.

Haasin *krabbelt unter dem Tisch hervor:* Gott sei Dank sind die beiden weg. Klang so, als ob die nie wieder kämen. Da habe ich ja Glück gehabt. Aber es ist ja auch wie verhext, in meinem Kopf war nur noch Chaos. Zu viel Druck. Ich sag’s ja immer, Druck ist nicht gut.

Und jetzt bin ich müde. Ich will schlafen. Und das alles aus dem Kopf bekommen. Morgen ist auch noch ein Tag. Und wenn ich nicht gestorben bin, dann lebe ich auch noch morgen. *Ab.*

Szene 10: Ende gut, alles gut

Pause mit lauter werdendem Gemurmel der Märchenfiguren außerhalb der Bühne.

Jäger *kommt vorsichtig auf die Bühne:* Sind die alle weg?

König *kommt nach, sieht sich um:* Ja, alle weg.

Jäger: Gott sei Dank. Was haben die für ein Chaos veranstaltet.

Frau Holle: Was für eine Gedankenlosigkeit. Die haben ja alle gar keine Ahnung, was Worte für eine Macht haben!

Schneewittchen: Ganz so, als ob Worte tatsächlich machtlos wären! Als wäre dummes Zeug reden völlig ungefährlich!

König: Nein, wirklich nicht. Aber auch gar keine Ahnung hatten die!

Königin, Mutter von Schneewittchen: Dabei können Worte doch so unfassbar wirken. Verletzen können sie, Wunden wieder aufreißen können sie.

Tänzerin: Und zwar ganz ohne Absicht. Einfach aus Unvorsicht.

Königin: Naja, man kann ja auch nicht verlangen, dass Denken was für alle ist.

Füchsin: Also, wenn das eine Anspielung sein soll?

Frau Holle: Hat doch gar keiner gesagt! Warum beziehst du sofort alles auf dich?

Königin: Ich meine ja nur....

Füchsin: Ich verstehe sehr wohl, wenn ich gemeint bin, auch ohne, dass ein Name genannt wird! Ich bin ja nicht dumm!

Schneewittchen: Kein Wunder, dass dir sogar dein Kater abhandengekommen ist. Wo ist er denn?

Füchsin *dreht sich suchend um:* Ja tatsächlich? Wo ist er denn? Hallo? Kater? *Suchend ab.*

König: Ich denke, wir sollten auf den Schrecken essen gehen. Hat jemand Lust? Wer kommt mit?

Alle melden sich aufgeregt.

Jäger: Wohin?

Königin: Ich will gar nicht weit gehen müssen.

Prinzessin: Lasst uns einfach da rüber gehen, in die Rote Krabbe. Da solls lecker sein und mehr will ich gar nicht. Nur mich erholen.

Peter *von hinter der Bühne:* Heinrich, mach dich fertig! Gäste!

Heinrich: Jetzt schon? Ich bin noch nicht vorbereitet!

Peter: Zu spät, sie sind schon da!

Alle bis auf den Jäger verschwinden in der Roten Krabbe.

Jäger *sieht sich vorsichtig um:* Ist noch jemand da? Der Märchen erzählt? Und damit Chaos stiftet?

Sieht prüfend ins Publikum.

Naja, genügend Märchenerzähler. Aber nicht so schlimm wie die beiden da eben. Kein Grund zur Sorge. Wenn man hin und wieder denkt, bevor man redet. Ein bisschen denken vor dem Reden; und dann ist am guten Ende alles gut. Hoffentlich.

Den anderen nach. Ab. Licht aus.

Ende

<u>Theaterstücke von Christoph Kaiser:</u>

Die Herren von Schloss Katzenbach;

Ein Geisterstück, basierend auf Geister? Geister! Geister???

ISBN 9789463864213

Dreimal ein Phönix; Über den dritten Stadtbrand Biedenkopfs 1717 ISBN 9789463860246

mit den Bildern der Aufführung ISBN 9789463866422

Geister? Geister! Geister??? Ein Geisterstück über einen Schlosskauf ISBN 9789463860307

Die drei Schwerter; Eine Zeitreise in neun Szenen

ISBN 9789463860529

Einakter und Szenen aus Hessen; Kurze Theaterstücke meist aus dem hessischen Hinterland ISBN 9789463861892

Stille, in die Regen fällt; eine kurze Szene über das eigene Paradies. ISBN 9789463862745

Selavinia oder Zwei Orte, eine Zeit; ein Theaterstück über Gerechtigkeit und Unrecht, Reichtum und Armut; über die zeitgleichen Welten auf dem Planeten Erde; und über Beziehungen und verpasste Chancen. ISBN 9789403604138

1631; Ein Stück über den Prozess gegen die Biedenköpfer Hexe Henrich Sangen ISBN 9789463863018 und ISBN 9789463987356

(mit Bildern aus dem Film)

Klamauk, Klamauk! Über das Theater, Kultur und das, was man sagen darf. Mit einem unveröffentlichten Einakter von August von Kotzebue.

ISBN 9789463980142

Schloss Breidenrössl am Perftalsee oder Miss Merwel und Monsieur Purée; ein Coronafilmprojekt, Das Textbuch zum Film.

ISBN 9789403627649

Weitere Bücher von Christoph Kaiser

Bauerntracht in Wandel und Beharrung; Über die Tracht im Untergericht des Breidenbacher Grundes

Diplomica-Verlag 2013 ISBN 9783958508095

Tracht als veränderliche Kleidung, beschrieben anhand der Trachten des Hessischen Hinterlandes, insbesondere der Tracht des Untergerichts des Breidenbacher Grundes. Landkreis

Dabei ist nicht alles, was Marburg - Biedenkopf

Grin-Verlag 2008 ISBN 9783640188574

Dreimal ein Phönix, Erzählung; basierend auf dem Theaterstück zum dritten Stadtbrand Biedenkopfs 1717

ISBN 9789463864527

Die Herren von Schloss Katzenbach, Erzählung; basierend auf dem gleichnamigen Theaterstück.

ISBN 9789463866446

Der Umgang des öffentlich-rechtlichen Fernsehens in Deutschland mit esoterischen Inhalten. Studienarbeit

Grin-Verlag 1998 ISBN 9783640215522

Hinterländer Haiku; 30 Gedichte in je drei Zeilen.

ISBN 9789463982214

Hinterländer Winterhaiku; 32 Gedichte in je drei Zeilen über den Winter um Biedenkopf

ISBN 9789463980746

Frühlingshaiku aus dem Hinterland; 33 Haiku über die Landschaft rings um Biedenkopf, das Osterfest und das Erwachen des Lebens.

ISBN 9789463987455

Sommerliche Hinterlandhaiku; Sommer in siebzehn Silben

ISBN 9789403601076

Herbsthaiku aus dem hessischen Hinterland; Herbst in Silbenform

ISBN 9789403609911

Der vierte König Bogomil; Eine Erzählung über den vierten König, der das Jesuskind suchte. ISBN 9789463982436

Bogomil the fourth king; A tale about the fourth king searching for the newborn child. According to an old Russian story.

ISBN 9789403610375

1631 Erzählung: Über den Tod der Biedenköpfer Hexe Henrich Sangen, nach der Originalakte ISBN 9789463982733

Werde ich ein Schmetterling sein? Maja und der Tod.

Wie redet man mit einem Kind über den Tod?

ISBN 9789463986076 (Taschenbuch)

ISBN 9789463984379 (gebunden)

Lass uns doch Suraten wommeln, umbimte das Taruppel; ein Sprachspiel und -spaßbuch für Kinder und Erwachsene

ISBN 9789403600864

Sammelsurium; Texte, für die sonst nirgendwo Platz war. Unmodern!

ISBN 9789403610351

Sammelsurium 2; gebrochen, zerbrochen, geheilt.

ISBN 9789403621524

Carl Mauritz Frey von Dehrn vom Hoff: Ein Zug durch Stadt und Wald; Über den Grenzgang und das M-Wort von Biedenkopf

ISBN 9789403611853

Carl Mauritz Frey von Dehrn vom Hoff: Genderstern; Das Bastelbuch passend zum Thema

ISBN 9789403627731

Ikonen, Fachwerk, altes Obst; Kleiner persönlicher Führer innen und außen durch das Schenkbarsche Haus und Ikonenmuseum Biedenkopf

ISBN 9789403623382

Alle Bücher erhältlich im Buchhandel und unter

publish.bookmundo.de/christophkaiser

publish.bookmundo.de/carl_mauritzfreyvondehrnvomhoff

Sieben auf einen
eich !